日本商工会議所主催 簿記検定試験

検定簿記ワークブック

2級

工業簿記

岡本　清
廣本敏郎
［編著］

中央経済社

■検定簿記ワークブック　編著者・執筆者一覧

巻　編　成		編者（太字は主編者）	執　筆　者	
1級	商業簿記・会計学 上巻	渡部　裕亘（中央大学名誉教授） 片山　　覚（早稲田大学名誉教授） **北村　敬子**（中央大学名誉教授）	北村　敬子	石川　鉄郎（中央大学教授） 川村　義則（早稲田大学教授） 藤木　潤司（龍谷大学教授） 菅野　浩勢（早稲田大学准教授） 中村　英敏（中央大学准教授）
1級	商業簿記・会計学 下巻	渡部　裕亘（中央大学名誉教授） 片山　　覚（早稲田大学名誉教授） **北村　敬子**（中央大学名誉教授）	北村　敬子	石川　鉄郎（中央大学教授） 小宮山　賢（早稲田大学教授） 持永　勇一（早稲田大学教授） 川村　義則（早稲田大学教授） 藤木　潤司（龍谷大学教授） 中村　英敏（中央大学准教授） 小阪　敬志（日本大学准教授）
1級	工業簿記・原価計算 上巻	**岡本　　清**（一橋大学名誉教授　東京国際大学名誉教授） 廣本　敏郎（一橋大学名誉教授）	廣本　敏郎	鳥居　宏史（明治学院大学名誉教授） 片岡　洋人（明治大学教授） 藤野　雅史（日本大学教授）
1級	工業簿記・原価計算 下巻	**岡本　　清**（一橋大学名誉教授　東京国際大学名誉教授） 廣本　敏郎（一橋大学名誉教授）	廣本　敏郎	尾畑　　裕（明治学院大学教授） 伊藤　克容（成蹊大学教授） 荒井　　耕（一橋大学大学院教授） 渡邊　章好（東京経済大学教授）
2級	商業簿記	**渡部　裕亘**（中央大学名誉教授） 片山　　覚（早稲田大学名誉教授） 北村　敬子（中央大学名誉教授）	渡部　裕亘	三浦　　敬（横浜市立大学教授） 増子　敦仁（東洋大学准教授） 石山　　宏（山梨県立大学教授） 渡辺　竜介（関東学院大学教授） 可児島達夫（滋賀大学准教授）
2級	工業簿記	岡本　　清（一橋大学名誉教授　東京国際大学名誉教授） **廣本　敏郎**（一橋大学名誉教授）	廣本　敏郎	中村　博之（横浜国立大学教授） 籏本　智之（小樽商科大学教授） 挽　　文子（元一橋大学大学院教授） 諸藤　裕美（立教大学教授） 近藤　大輔（立正大学准教授）
3級	商業簿記	渡部　裕亘（中央大学名誉教授） **片山　　覚**（早稲田大学名誉教授） 北村　敬子（中央大学名誉教授）	片山　　覚	森田　佳宏（駒澤大学教授） 川村　義則（早稲田大学教授） 山内　　暁（早稲田大学教授） 福島　　隆（明星大学教授） 清水　秀輝（羽生実業高等学校教諭）

ま え が き

本書は，日商簿記検定試験に挑戦しようとする人たちのために，『検定簿記講義　2級/工業簿記』のワークブックとして書かれたものです。2022年4月から施行されている，最新の出題区分表にもとづいた内容となっています。今回の改訂では，問題を追加することで，より充実した内容にしました。

簿記は，スポーツと似たところがあります。本を読んで理論やルールを覚えれば，より楽しくスポーツを観戦することができるでしょう。しかし，本を読んで，理論やルールを覚えるだけでは，実際にスポーツをして楽しむということはできません。自分自身でスポーツをやって楽しむことができるようになるには，繰り返し練習し，理論を体に覚えこませることが必要です。

それと同様に，簿記も，単にテキストを読み，頭で理解するだけでは不十分です。簿記は人がやっているのを見ているだけでは何も面白くありません。企業経営の現場で，あるいは検定試験の場で，自分で実際に簿記を行うことで楽しみが得られ，意味のあるものとなります。したがって，簿記の勉強においては，実際にペンと電卓を持ち，自分で仕訳を行い元帳に転記するという練習を繰り返すことが不可欠です。

工業簿記では原価計算が必要になるので，原価の計算にも慣れなければなりません。原価の計算の仕方を学ぶだけで，練習をしなければ，原価を計算できるようにはなりません。自分で実際に原価を計算してみる。原価計算関係の勘定連絡図を書いてみる。自分で苦労しながら計算問題を解き，何度も計算を間違えて初めて，理論の理解が不十分であったことを知り，工業簿記のロジックが次第にはっきりとしてきます。

また，ただ物真似で，簿記の問題を解き，原価の計算を繰り返すだけでは，簿記会計のエキスパートにはなれません。その点も，スポーツと同じです。スキーにしてもゴルフにしても，体力と運動神経に任せ，自己流でも，ある程度は楽しむことができるでしょう。しかし，正しい理論を学ばなければ，すぐに大きな壁にぶつかってしまい，一定以上には決して上達しません。簿記も同じです。

『検定簿記講義』で理論を学び，例題および練習問題をこなした後で，本書を利用して，学んだ理論を実践してみることが大切です。一度頭と体に覚えこませてしまえば，その後の進歩は急速です。頭と体に覚えこませるまでが，頑張りどころです。諦めず日々の研鑽を積めば，必ずや努力は報われます。

本書の問題には，すべて解答がついています。問題を眺めて，すぐに答えが出ないと，解答を見たくなるかもしれません。模範解答を見て，ああそうかと思うことが少なくないと思います。そういう時，もし模範解答を見なくても，自分でも解答できたと思ってしまうのではないでしょうか。しかし，それでは，いつまでたっても自分で解答できるようにはなりません。頭で知っているというだけでは，不十分なのです。読者の皆さんに繰り返し申し上げたいことは，苦しくても自分で解答する努力を惜しまないでいただきたい，ということです。練習を重ねるために，中央経済社のホームページの「ビジネス専門書 Online」から練習問題の解答用紙をダウンロードしてお使い下さい。

経済活動の円滑な運営には，簿記会計の知識が不可欠です。コンピュータや通信などの情報技術がいかに発展しようとも，コンピュータが経済問題や経営問題を解決してくれるわけではありません。簿記会計の正しい知識を持った人が，経営者本人として，あるいは経営者の片腕として，コンピュータから出てくる情報を適切に評価・利用して，問題解決を行う必要があります。日商簿記検定試験によって簿記会計の知識が日本全国に普及すれば，わが国の経済的発展に対し，計り知れない影響をもたらします。そのような信念の下に，私どもは，簿記会計の知識が広く普及することを心から願って本書を執筆しました。

2024年２月

編　著　者

目次

〔問題編〕

当社ホームページに本書に関する情報を掲載しておりますので，ご参照ください。

検定簿記ワークブック

2級/工業簿記〔問題編〕

第1章 工業簿記とは何か

学習のポイント

この章では，工業簿記とは何かについて学びます。工業簿記を適切に行うためには，原価計算が必要になります。工業簿記とは何か，原価計算とは何か，原価とは何かについて理解します。

1　工業簿記とは，製造業を営む企業（製造企業）の簿記です。その特徴は，製造企業の外部活動のみならず，内部で行われる製造活動（内部活動）を複式簿記の原理にもとづいて記録・計算を行うことです。

2　原価計算とは，製造活動に消費される資源の消費額である原価発生額を測定し，さらに原価発生額を製品などの原価計算対象に集計することによって，合理的な企業活動に不可欠な情報を提供します。

3　原価とは，企業が特定の目的を達成するために行う企業活動上，犠牲にされる経済的資源の貨幣による測定額のことです。

練習問題 1－1　次のうち工業簿記と原価計算において原価となるものの番号をすべて選びなさい。

① 工員のための英会話レッスン料
② 火災による工場設備の除却損
③ 工場の機械購入額
④ 工場の機械減価償却費
⑤ 工場の土地購入代金
⑥ 取締役社長の給料
⑦ 機械工の賃金

第2章 工業簿記のしくみ

学習のポイント

この章では工業簿記のしくみとして，工業簿記の勘定科目とその記入法，帳簿組織，決算と財務諸表について学びます。

1　工業簿記特有の勘定には，製品，半製品，仕掛品，材料，賃金・給料，経費，製造間接費，製造部門費，原価差異などの諸勘定があります。

2　工業簿記では，製造活動が進むにつれて，

①　材料勘定，賃金・給料勘定，経費勘定から，仕掛品勘定と製造間接費勘定への振替え

②　仕掛品勘定と製造間接費勘定から製品勘定への振替え

が行われます。

3　工業簿記では，通常，月次決算が行われます。

4　工業簿記では，損益計算書の売上原価における当期製品製造原価について，その内訳を記載した製造原価明細書（製造原価報告書）が作成されます。

製造原価明細書

材料費
　期首材料棚卸高
　当期材料仕入高
　　合　計
　期末材料棚卸高
　　当期材料費
労務費
　賃金・給料
　…
　　当期労務費
経費
　電力料
　ガス代
　…
　　当期経費
　　当期総製造費用
　　期首仕掛品棚卸高
　　　合　計
　　期末仕掛品棚卸高
　　当期製品製造原価

練習問題 2－1　次の資料にもとづいて，材料勘定，賃金・給料勘定，仕掛品勘定，製品勘定，売上原価勘定を完成しなさい。ただし，当社では製造間接費を予定配賦している。

[資　料]

1　棚卸資産

（単位：円）

	月初有高	当月仕入高	月末有高
素材	90,000	1,110,000	85,000
買入部品	50,000	560,000	55,000
補助材料	12,000	100,000	8,000
仕掛品	50,000	－	40,000
製品	30,000	－	29,000

2　賃金・給料

（単位：円）

	前月未払高	当月支払高	当月未払高
直接工*	10,000	600,000	10,000
間接工	5,000	300,000	4,000

＊消費額の10分の1は間接労務費であった。

3　工場建物の減価償却費　200,000円

4　消耗工具器具備品費　50,000円

5　外注加工賃　900,000円

6　工場火災保険料　15,000円

（注意）解答にあたって単位はすべて千円とすること。

（単位：千円）

材　料

前月繰越	（　）	消費高	（　）
仕入高	（　）	次月繰越	（　）
	（　）		（　）

賃金・給料

当月支払	（　）	前月繰越	（　）
次月繰越	（　）	消費高	（　）
	（　）		（　）

仕掛品

前月繰越	（　）	完成高	（　）
直接材料費	（　）	次月繰越	（　）
直接労務費	（　）		
直接経費	（　）		
製造間接費	750		
	（　）		（　）

製　品

前月繰越	（　）	売上原価	（　）
完成品原価	（　）	次月繰越	（　）
	（　）		（　）

売上原価

製品	（　）	原価差異	（　）
		月次損益	（　）
	（　）		（　）

練習問題 2－2 次に示す製造原価明細書にもとづいて，総勘定元帳の（ ）内に適切な金額を記入しなさい。ただし，単位はすべて千円とすること。なお，当社は実際原価計算を採用しているが，直接材料費と直接労務費については予定価格と予定賃率を用い，また製造間接費は予定配賦をしているため，原価差異が発生している。

製造原価明細書

（単位：千円）

Ⅰ	直接材料費	15,000
Ⅱ	直接労務費	6,000
Ⅲ	直接経費	4,500
Ⅳ	製造間接費	8,500
	当月総製造費用	34,000
	月初仕掛品棚卸高	60
	合計	34,060
	月末仕掛品棚卸高	50
	当月製品製造原価	34,010

（単位：千円）

材　料

前月繰越	800	消費高	（ ）
仕入高	15,200	次月繰越	500
原価差異	（ ）		
	（ ）		（ ）

賃金・給料

支払高	8,100	前月繰越	1,300
次月繰越	1,200	消費高	（ ）
原価差異	（ ）		
	（ ）		（ ）

経　費

支払高	9,500	消費高	（ ）

製造間接費

間接材料費	900	予定配賦額	（ ）
間接労務費	2,500		
間接経費	（ ）		
原価差異	（ ）		
	（ ）		（ ）

仕掛品

前月繰越	（ ）	完成高	（ ）
直接材料費	（ ）	次月繰越	（ ）
直接労務費	（ ）		
直接経費	（ ）		
製造間接費	（ ）		
	（ ）		（ ）

製　品

前月繰越	90	売上原価	（ ）
完成品原価	（ ）	次月繰越	100
	（ ）		（ ）

練習問題 2－3 次の資料にもとづいて，仕掛品勘定および10月の損益計算書を完成しなさい。

［資　料］

1．棚卸資産有高　（単位：円）

	月初有高	月末有高
素材	500,000	450,000
買入部品	300,000	300,000
工場消耗品	2,000	3,000
燃料	1,000	1,000
仕掛品	800,000	700,000
製品	200,000	250,000

2．10月中の支払高等　（単位：円）

素材仕入高	3,000,000
買入部品仕入高	1,000,000
工場消耗品購入高	200,000
燃料仕入高	150,000
直接工賃金当月支払高	1,600,000
直接工賃金前月未払高	300,000
直接工賃金当月未払高	200,000
間接工賃金当月支払高	500,000
間接工賃金前月未払高	40,000
間接工賃金当月未払高	30,000
水道光熱費（測定額）	300,000
保険料（月割額）	200,000
減価償却費（月割額）	500,000

3．製造間接費は予定配賦している。当月の製造間接費予定配賦額は各自推定しなさい。なお，原価差異は借方差異である。

（単位：円）

仕　掛　品

前月繰越	（　　　）	完　成　高	（　　　）
直接材料費	（　　　）	次月繰越	（　　　）
直接労務費	（　　　）		
製造間接費	（　　　）		
	（　　　）		（　　　）

損益計算書　（単位：円）

Ⅰ　売上高		10,509,000
Ⅱ　売上原価		
月初製品棚卸高	（　　　）	
当月製品製造原価	（　　　）	
合　計	（　　　）	
月末製品棚卸高	（　　　）	
原価差異	9,000	（　　　）
売上総利益		3,070,000
（以下略）		

第3章 材料費計算

学習のポイント

1　材料は，購入の観点から，常備材料と引当材料とに分類されます。常備材料とは，絶えず使用するので常備しておかなければならない材料のことで，引当材料とは，特定の受注品の製造のために特別に購入される材料のことです。

2　材料費とは，材料の消費によって発生した製造原価のことです。製造された一定単位の製品のためにどれくらい消費されたかがわかる材料の消費額を直接材料費といいます。他方，一定の単位の製品のためにどれくらい消費されたのかがわからない材料の消費額を間接材料費といいます。直接材料費は製品に直課（賦課ともいいます）され，間接材料費は配賦されます。

3　材料の購入と消費を記帳するため，さまざまな証ひょうおよび帳簿が使われます。このうち証ひょうとしては，材料購入請求書，注文書，材料受入報告書，送り状，出庫票などがあり，帳簿としては，材料仕入帳，材料元帳，出庫材料仕訳帳などがあります。

4　材料の取得原価（購入原価）は，材料の購入代価と材料副費からなります。材料副費は引取費用（外部材料副費ともいいます）と，引取費用以外の材料副費（内部材料副費）とに分類されます。理論的にはすべての材料副費を材料の取得原価に含めるべきです。ただし，必要があれば，内部材料副費の一部または全部を材料の取得原価に含めないことができます。つまり，材料の取得原価は，次のいずれかの式で決定されます。

(1)　**取得原価＝購入代価＋引取費用（外部材料副費）＋内部材料副費の一部または全部**

(2)　**取得原価＝購入代価＋引取費用（外部材料副費）**

なお，材料副費の材料への配賦には，実際配賦と予定配賦があります。

5　材料の消費額，つまり，材料費は，その材料の消費量にその消費単価を乗じて計算されます。

6　材料の消費量の計算方法としては，継続記録法，棚卸計算法あるいは逆計算法があります。

7　同種材料の単位当たり取得原価が購入のつど異なる場合における，材料の消費単価の計算方法としては，個別法，先入先出法，移動平均法あるいは総平均法があります。また，予定価格法（材料の消費単価を予定単価で計算する方法）が用いられることもあります。

8　材料の帳簿残高と実際残高に不一致が生じていれば，帳簿残高を実際残高に一致させる必要があります。帳簿残高より実際残高が少ない場合，その差額の棚卸減耗費が発生します。棚卸減耗費は，通常生ずる程度のものであれば，製造間接費として処理しますが，異常な原因で発生した場合は，非原価項目として損益勘定へ賦課しなければなりません。

練習問題 3－1 次の文の（ ）の中に，適切な言葉を入れなさい。ただし，（ ）内の同じ数字には同じ言葉が入る。

(1) 材料を購入の観点から分類すると，絶えず使用するため常備しておかなければならない（ ① ）と，特定の受注品を製造するため特別に購入する（ ② ）に分けられます。

(2) 材料費は，製造された一定単位の（ ③ ）のためにどれくらい消費されたのかがわかるか否かにより，（ ④ ）と（ ⑤ ）とに分けられます。通常，製品製造のために消費され，その製品の主たる実体を構成するとき，その材料の消費額は（ ④ ）とされます。しかし，製品の製造上消費されるが製品の実体を構成しない材料の消費額，および製品製造のために消費されてその製品の実体を構成するけれども，金額的に重要でない，あるいは製品別にその消費額を計算することが不経済な材料の消費額は（ ⑤ ）となります。

(3) 原価計算基準は，費目別計算において，材料費を次のように分類しています。

- 直接材料費
  - （ ⑥ ）
  - （ ⑦ ）
- （ ⑤ ）
  - （ ⑧ ）
  - 工場消耗品費
  - 消耗工具器具備品費

(4) 材料の取得原価は，（ ⑨ ）（材料主費ともいいます）と（ ⑩ ）とに大別されます。このうち（ ⑩ ）については，実務上すべてを取得原価に含めることが困難なので引取費用以外の（ ⑩ ）は，その一部ないし全部を含めないことが認められています。

①		②		③		④	
⑤		⑥		⑦		⑧	
⑨		⑩					

練習問題 3－2 次の図は，材料の購入，検収および記帳の手続の一例を示したものである。□の中に，適切な証ひょうあるいは帳簿の名称を記入しなさい。

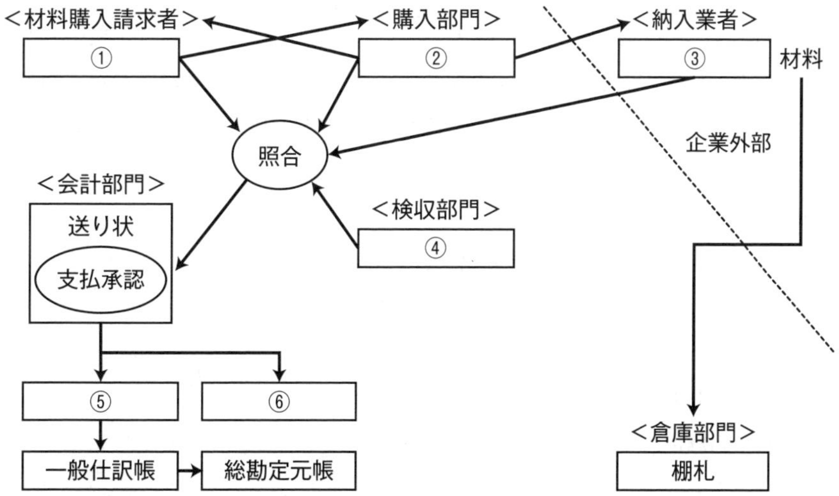

①		②		③	
④		⑤		⑥	

練習問題 3－3　次の取引を仕訳しなさい。

① A社から素材250個@8,000円を掛けで仕入れた。

② B社から部品20個@15,000円を掛けで仕入れた。

③ 当月購入し記帳した素材のうち，80,000円の不良材料を発見したので，これを納入業者に返品し，その分の買掛金控除を先方に通知した。

④ C社から，工場消耗品20,000円，燃料50,000円を現金仕入れした。

ただし，使用する勘定科目を，

(1) 現金，買掛金，材料

(2) 現金，買掛金，素材，買入部品，工場消耗品，燃料

として，それぞれの場合について仕訳すること。

		借方科目	金額	貸方科目	金額
(1)	①				
	②				
	③				
	④				
(2)	①				
	②				
	③				
	④				

練習問題 3－4　A社より材料XとYを購入し，それに付随する材料副費が発生した。次の資料にもとづいて，(1)購入代価に引取費用のみを加算する場合，(2)引取費用だけでなく内部材料副費も加算する場合について，それぞれ，各材料の単位当たり取得原価を計算しなさい。

[資　料]

① 材料の購入代価

材料X：数量　100個　　送り状価格　@1,000円

材料Y：数量　250個　　送り状価格　@200円

② 引取費用発生額

買入手数料：材料X　1,000円　　材料Y　500円

引取運賃　7,000円

③ 内部材料副費年間予定発生額

購入事務費 250,000円　検収費 50,000円　倉庫保管費 300,000円

④ 年間の材料購入代価予定総額 6,000,000円

⑤ 引取運賃は，購入した材料の数量を基準に実際配賦する。また，内部材料副費は一括して，購入代価を基準に予定配賦する。

	材料X	材料Y		材料X	材料Y
(1)	円	円	(2)	円	円

練習問題 3－5 次の取引を材料仕入帳および材料元帳に記入しなさい。

6月3日 素材A（100kg @500円）および素材B（20kg @1,500円）を掛けで仕入れ，その際，引取費用6,000円を現金で支払った。なお，引取費用は，購入材料の数量を基準に配賦する。

（単位：円）

材料仕入帳

日付		摘要	借方	貸方	
			材料	買掛金	諸口

材料元帳

品目名 素材A

日付		受入			払出			残高		
		数量	単価	金額	数量	単価	金額	数量	単価	金額

材料元帳

品目名 素材B

日付		受入			払出			残高		
		数量	単価	金額	数量	単価	金額	数量	単価	金額

練習問題 3−6 次の資料にもとづいて，材料仕入帳，出庫材料仕訳帳および材料元帳に必要な記入を行いなさい。また，月末に，各帳簿を締め切るとともに，必要な合計仕訳を行いなさい。なお，材料の消費単価の計算方法としては先入先出法を用いる。

［資　料］

6月1日	月初有高：材料X	150個	@100円	15,000円		
		150個	@120円	18,000円		
	材料Y	80個	@50円	4,000円		
4日	出　　庫：材料X	100個	（直接材料費）			
	材料Y	60個	（間接材料費）			
6日	仕　　入：材料X	200個	@130円	26,000円	（掛け）	
	材料Y	50個	@55円	2,750円	（現金）	
16日	出　　庫：材料X	250個	（直接材料費）			
	材料Y	50個	（間接材料費）			
20日	仕　　入：材料Y	60個	@60円	3,600円	（現金）	
25日	出　　庫：材料X	100個	（直接材料費）			
30日	仕　　入：材料X	200個	@125円	25,000円	（掛け）	

（単位：円）

材 料 仕 入 帳

日付		摘　　要	借　方	貸　　方	
			材　料	買掛金	諸　口

	借 方 科 目	金　　額	貸 方 科 目	金　　額
合計仕訳				

出庫材料仕訳帳

日付		摘要	借方		貸方
			仕掛品	製造間接費	材料

合計仕訳	借方科目	金額	貸方科目	金額

材料元帳

品目名　材料X

日付		受入			払出			残高		
		数量	単価	金額	数量	単価	金額	数量	単価	金額

材　料　元　帳

品目名　材料Y

日付		受　入			払　出			残　高		
		数　量	単価	金　額	数　量	単価	金　額	数　量	単価	金　額

練習問題 3－7　練習問題３－６の条件にもとづき，材料Ｘについて，材料元帳への記入を，材料消費単価の計算方法としては移動平均法と総平均法を用いる場合のそれぞれについて行い，月末に締め切りなさい。

(移動平均法)　**材　料　元　帳**　(単位：円)

品目名　材料X

日付		受　入			払　出			残　高		
		数　量	単価	金　額	数　量	単価	金　額	数　量	単価	金　額

（総平均法）　**材料元帳**

品目名　材料X

日付		受入			払出			残高		
		数量	単価	金額	数量	単価	金額	数量	単価	金額

練習問題 3－8　次の取引を，(1)消費材料勘定を設ける方法と(2)設けない方法のそれぞれの場合について，仕訳しなさい。

① 直接材料として100個，間接材料として25個払い出した。なお，予定価格@600円を用いた。

② 実際払出価格は@620円であった。そこで，予定価格による消費額と実際価格による消費額との差額を，材料消費価格差異勘定に振り替えた。

		借方科目	金額	貸方科目	金額
(1)	①				
	②				
(2)	①				
	②				

練習問題 3−9 次の資料にもとづいて，材料の月末帳簿残高を計算しなさい。そして，もし棚卸差額があれば，その差額は通常生ずる程度のものであるとみなして，必要な仕訳を示しなさい。ただし，棚卸減耗費勘定は使用しないこと。

［資　料］

⑴　月初材料有高　480,000円

⑵

材料仕入帳

日付		摘　　要	借方	貸方	
			材　料	買掛金	諸　口
			1,870,000	1,150,000	720,000

⑶

出庫材料仕訳帳

日付		摘　　要	借方		貸方
			仕掛品	製造間接費	材　料
			1,500,000	310,000	1,810,000

⑷　月末実際残高　510,000円

月末帳簿残高 ［　　　　］ 円

必要な仕訳

借方科目	金　額	貸方科目	金　額

第4章 労務費計算

学習のポイント

1　労務費とは，労働の消費によって発生した製造原価のことです。その支払形態によって，賃金，給料，雑給，従業員賞与・手当，賞与引当金繰入額，退職給付引当金繰入額，法定福利費などに分けられます。また，製造された一定の単位の製品のためにどれくらいが消費されたのかがわかる労働の消費額を直接労務費といいます。他方，一定の単位の製品のためにどれくらい消費されたのかがわからない労働の消費額を間接労務費といいます。直接労務費は製品に直課（賦課ともいいます）され，間接労務費は配賦されます。

2　賃金の支払いと消費を記帳するために，出勤票，作業時間報告書，手待時間票，出来高報告書，給与支給帳，消費賃金仕訳帳などの証ひょうおよび帳簿が使われます。

3　賃金の支払方法は時間給制と出来高給制とに大別され，支払賃金は，次のように計算されます。

時間給制の場合：支払賃金＝支払賃率×実際就業時間＋加給金

出来高給制の場合：支払賃金＝支払賃率×実際出来高＋加給金

4　給与支給総額および現金支給額は，次のように計算されます。

給与支給総額＝支払賃金＋諸手当

現金支給額＝給与支給総額－社会保険料控除額－所得税等控除額

5　直接工の消費賃金は，次のように計算されます。

消費賃金＝消費賃率×就業時間

6　直接工の消費賃率には，個別賃率と平均賃率があり，平均賃率にはさらに総平均賃率と職種別平均賃率があります。また，消費賃率には，実際賃率と予定賃率があります。これらの組み合わせのうち，予定職種別平均賃率がすぐれています。

7　直接工の就業時間は実働時間（作業時間）と手待時間からなります。実働時間はさらに，直接作業時間と間接作業時間からなります。これらの就業時間のうち，直接作業時間を乗じた消費賃金が直接労務費となり，それ以外の就業時間である間接作業時間および手待時間を乗じた消費賃金は間接労務費となります。

8　間接工の消費賃金は，その原価計算期間の負担に属する要支払額をもって計算されます。要支払額は，給与計算期間と原価計算期間のずれを修正したもので，次の式で計算されます。

要支払額＝当月の支払額＋当月末の未払額－前月末の未払額

9　給料，雑給，従業員賞与・手当などについても，間接工の消費賃金と同様，原則として要支払額で計算されます。

練習問題 4－1 次の文の（　）の中に，適切な言葉を入れなさい。ただし，（　）内の同じ数字には同じ言葉が入る。

労務費は，その支払形態により（ ① ），（ ② ），（ ③ ），（ ④ ），（ ⑤ ），（ ⑥ ）などに分類されます。（ ① ）は，工員の提供する労働に対して支払われる給与であり，基本賃金と（ ⑦ ）からなります。（ ⑦ ）は，残業手当，夜業手当，危険作業手当など（ ⑧ ）に直接に関係のある手当からなります。（ ② ）は，職員の労働に対して支払われる対価です。（ ③ ）は，職員，工員などに支払われる賞与・手当のことです。ここにいう手当とは，扶養家族手当，通勤手当など（ ⑧ ）に直接関係のない手当のことです。（ ④ ）は，次期に支払う従業員賞与のうち，当期の労働に対応する部分に対して引当処理する際の当期繰入額です。また（ ⑤ ）は，会社の退職給付規定に従って支給される退職給付に対する引当金繰入額であり，（ ⑥ ）は，健康保険法，雇用保険法などにもとづく社会保険料の会社負担額です。

①		②		③	
④		⑤		⑥	
⑦		⑧			

練習問題 4－2 次の資料にもとづき，給与支給帳を完成させ，賃金支払時の仕訳を示しなさい。ただし，使用する勘定科目は，賃金・給料，従業員諸手当，社会保険料預り金，所得税預り金，現金とする。

［資　料］

(1) 各工員の就業時間および支払賃率

工員氏名	就業時間		支払賃率
	定時時間	残業時間	
A	180時間	34時間	@800円
B	195	10	800
C	200	20	900
D	196	18	700

(2) 残業手当は，各工員とも支払賃率の25％で計算する。

(3) 家族手当は，工員A，B，Cがともに13,000円，工員Dが10,000円である。

(4) 通勤手当は，各工員とも5,000円である。

(5) 健康保険料（従業員負担分）は，給与支給総額に対して６％とする。

(6) 所得税は，次の表にもとづいて計算する。なお，課税所得額は支給総額から社会保険料を控除したものである。

課税所得額	155,001円～175,000円	175,001円～195,000円	195,001円～215,000円
所得税	16,500円	18,500円	20,500円

給与支給帳

(単位：円)

従業員氏名	基本賃金				加給金	支払賃金合計	諸手当		支給総額	社会保険料控除額	課税所得額	所得税額控除額	現金支給額
	就業時間		賃率	金額	残業手当		家族手当	通勤手当		健康保険料		所得税	
	定時	残業											

借方科目	金額	貸方科目	金額

練習問題 4－3 次の文の（ ）の中に，適切な言葉を入れなさい。ただし，（　）内の同じ数字には同じ言葉が入る。

(1) （ ① ）が直接作業に従事した場合，直接労務費が発生します。工員は，（ ① ）と（ ② ）とに分けられ，（ ① ）が製品製造のために直接にその加工作業を行う工員であるのに対して，（ ② ）は間接作業に従事する工員です。たとえば，機械工，組立工などが（ ① ）であり，修繕工，運搬工などが（ ② ）です。

(2) 直接工の消費賃金は，（ ③ ）と（ ④ ）とに分けられます。（ ③ ）は，次の式によって計算されます。

（ ③ ）＝直接工の（ ⑤ ）×直接作業時間

ここに直接工の（ ⑤ ）は，直接工の（ ⑥ ）と加給金の合計額を直接工の総就業時間で割ることによって計算されます。

(3) 就業時間は（ ⑦ ）と（ ⑧ ）からなり，（ ⑦ ）はさらに，製品の製造に直接に従事する（ ⑨ ）とそれ以外の（ ⑩ ）とからなっています。（ ⑨ ）と（ ⑩ ）は，作業時間報告書（作業時間票ともいいます）によって把握されます。（ ⑧ ）とは，停電で作業ができないため待機している待ち時間など，工員の責任以外の原因によって作業ができない状態にある遊休時間をいいます。直接工の（ ⑤ ）に直接工の（ ⑨ ）を乗じたものは（ ③ ）ですが，（ ⑩ ）を乗じたものは（ ⑪ ），また（ ⑧ ）を乗じたものは（ ⑫ ）といい，（ ④ ）となります。

①		②		③		④	
⑤		⑥		⑦		⑧	
⑨		⑩		⑪		⑫	

練習問題 4－4 次の取引を仕訳しなさい。ただし，使用する勘定科目は，賃金，消費賃金，仕掛品，製造間接費，および賃率差異とする。

(1) 当月の実際作業時間は4,000時間で，そのうち直接作業時間は3,200時間，間接作業時間は800時間であった。なお，当社は予定賃率を用いて賃金の消費額を計算しており，予定賃率は1時間について600円である。

(2) 当月の実際賃金消費額は2,500,000円であった。そこで，賃率差異を消費賃金勘定から賃率差異勘定へ振り替えた。

	借方科目	金額	貸方科目	金額
(1)				
(2)				

練習問題 4－5 次の取引を仕訳しなさい。ただし，使用する勘定科目は，現金，当座預金，社会保険料未払金，社会保険料預り金，所得税預り金，従業員賞与引当金，従業員諸手当，未払賃金，賃金，仕掛品，製造間接費，賃率差異とする。

(1) 当月初めに，前月末未払賃金（8月21日～8月31日）960,000円を未払賃金勘定から賃金勘定へ振り替えた。

(2) 8月21日～9月20日の給与を計算し，9月25日に現金で支払った。支払賃金は3,200,000円，諸手当は350,000円，そして控除額合計は400,000円（内訳：社会保険料150,000円，所得税250,000円）であった。

(3) 当月の賃金消費額（9月1日～9月30日）を，予定賃率（@500円）を用いて計上した。当月の実際作業時間は6,000時間（内訳：直接作業時間5,000時間，間接作業時間1,000時間）であった。

(4) ① 健康保険料の会社負担額100,000円を製造間接費に算入した。

② 健康保険料200,000円（内訳：従業員負担額100,000円，会社負担額100,000円）を小切手で支払った。

(5) 従業員賞与引当金の月割額800,000円を製造間接費に算入した。

(6) 当月末の未払賃金（9月21日～9月30日）を予定賃率で計算したところ980,000円であった。そこで，これを賃金勘定から未払賃金勘定へ振り替えた。

(7) 賃金勘定における貸借の差額を賃率差異勘定へ振り替えた。

	借 方 科 目	金 額	貸 方 科 目	金 額
(1)				
(2)				
(3)				
(4) ①				
(4) ②				
(5)				
(6)				
(7)				

練習問題 4－6 次の資料にもとづいて消費賃金仕訳帳に記入し，月末に締め切って合計仕訳を行いなさい。

［資 料］

(1) 予定平均賃率 @400円

(2) 就業時間の内訳：直接作業時間 180時間，間接作業時間 60時間，手待時間 10時間

消費賃金仕訳帳 (単位：円)

日付	摘 要	借方 仕掛品	借方 製造間接費	貸方 賃 金
(省略)		243,000	92,000	335,000

(注) 消費賃金仕訳帳に記入してある金額は，当月すでに記入した金額の合計額である。

	借 方 科 目	金 額	貸 方 科 目	金 額
合計仕訳				

練習問題 4－7 次の各資料を相互に参照して，(　) の中に適切な勘定科目あるいは金額を入れなさい。

給与支給帳 (単位：千円)

…	基本賃金	加給金	支払賃金	諸手当	支給総額	健康保険料	所得税	現金支給額
	(　　)	944	(　　)	(　　)	(　　)	(　　)	376	(　　)

消費賃金仕訳帳 (単位：千円)

日付		貸方	摘要	…(略)…	借方	
		賃金			仕掛品	製造間接費
		(　　)			3,496	832

総勘定元帳 (単位：千円)

賃金

諸口	4,304	未払賃金	848
未払賃金	900	諸口	4,328
		(　　)	(　　)
	5,204		5,204

未払賃金

(　　)	(　　)	前期繰越	848
		(　　)	(　　)

賃率差異

(　　)	(　　)		

従業員諸手当

諸口	496		

現金

		諸口	(　　)

健康保険料預り金

		諸口	448

所得税預り金

		諸口	(　　)

仕掛品

(　　)	(　　)		

製造間接費

(　　)	(　　)		

第5章 経費計算

学習のポイント

1　経費とは，材料費と労務費以外のすべての原価要素であり，材料や労働力以外の資源を消費することによって発生する原価です。

2　経費は，材料費や労務費と同様に，製品別にそれがどのくらい消費されたかがわかるか否かによって，直接経費と間接経費に分類します。

3　経費を計算するために，支払伝票，納品書，請求書，月割計算表，測定票などを利用します。経費の当月発生額を計算し，それが直接経費であれば仕掛品勘定の借方に，間接経費であれば製造間接費勘定の借方に記入します。

練習問題 5－1　6月20日に外注加工賃1,500,000円（6月1日から6月20日分）を現金で支払ったが，5月に前払分200,000円を支払ってある。また，6月30日に当月の未払高が250,000円であることが判明した。当月の外注加工賃はいくらか。

［　　　　　　］円

練習問題 5－2　次の取引を仕訳しなさい。勘定科目は次の語群の中から最も適切なものを選択すること。

仕掛品	製造間接費	買掛金	機械減価償却累計額	材料

(1)　製品Aを製造するため，材料50,000円を出庫し，外注先に加工を依頼した。なお，当社では外注先に材料を無償支給している。

(2)　外注先から加工品を受け入れた。請求書によると外注加工賃は5,000円であった。

(3)　材料倉庫の棚卸を行い，材料の減耗2,000円が発見されたので，棚卸減耗損を計上した。

(4)　当月の機械減価償却費を計上した。機械減価償却費の年間見積額は1,200,000円である。

	借方科目	金額	貸方科目	金額
(1)				
(2)				
(3)				
(4)				

練習問題 5－3 次の資料にもとづいて，当月の(1)直接経費と(2)間接経費の金額を計算しなさい。

［資　料］

① 外注加工賃の当月支払額　35,000円

② 工場建物の保険料　24,000円（半年分）

③ 工場建物の減価償却費　36,000円（１年分）

④ 当月の電気代（測定額）　2,100円

⑤ 当月の材料棚卸減耗損　800円

(1) 直接経費		円
(2) 間接経費		円

第6章 製造間接費計算

学習のポイント

1　製造間接費とは，一定単位の製品のためにどれくらい消費されたのかがわからない製造原価であり，間接材料費，間接労務費および間接経費からなります。

2　製造間接費を記帳するために，出庫票，作業時間報告書，支払伝票，月割計算表，製造間接費部門別配賦表，出庫材料仕訳帳，消費賃金仕訳帳，経費仕訳帳，製造間接費元帳などの証ひょうおよび帳簿が使われます。

3　製造間接費は何らかの配賦率を用いて製品に配賦しなければなりません。配賦の方法には実際配賦と予定配賦とがあります。

①　実際配賦

実際配賦額＝実際配賦率×各製品の実際配賦基準量

$$=\frac{\text{一定期間における製造間接費実際発生額}}{\text{同期間における実際配賦基準総量}}\times\text{各製品の実際配賦基準量}$$

②　予定配賦

予定配賦額＝予定配賦率×各製品の実際配賦基準量

$$=\frac{\text{一定期間における製造間接費予定発生額}}{\text{同期間における予定配賦基準総量}}\times\text{各製品の実際配賦基準量}$$

4　製品別配賦基準（製造間接費を製品へ配賦する際の基礎となる量）には，直接労務費，直接作業時間，機械作業時間などがあります。

5　予定配賦率の分母である予定配賦基準総量（予定操業度や基準操業度ともいいます）は，実際的生産能力，平均操業度，あるいは期待実際操業度から適切な操業水準を選択する必要があります。

6　また，予定配賦率の分子である一定期間の製造間接費予定発生額は，通常，製造間接費予算として設定します。なお，製造間接費予算は基準操業度に対応して設定します。

7　製造間接費予算には，予算管理上，固定予算と変動予算があります。固定予算においては，実際操業度が予定操業度と異なる場合でも当初の予算を実際発生額や予定配賦額と比較しますが，変動予算においては，実際操業度に応じて修正した予算を比較します。

8　予定配賦を行うと，実際発生額と予定配賦額が一致せず，配賦差額が生じます。この配賦差額は，予算差異と操業度差異に分解します。

配賦差額＝実際発生額－予定配賦額

予算差異＝実際発生額－予算

操業度差異＝予算－予定配賦額

なお，予算には固定予算と変動予算があります。

9　予定配賦を行うときには，配賦差額を処理する必要が生じます。『原価計算基準』では，少額であれば原則として当年度の売上原価に賦課（加減）するとしています。

練習問題 6－1　当月の実績データは次のとおりであった。製品別配賦基準として，(1)直接労務費，(2)直接作業時間，および(3)機械作業時間を用いる場合のそれぞれについて，製品Xへの製造間接費実際配賦額を計算しなさい。

当月の実績データ

	工場全体	製品X
製造間接費	648,000円	?
直接労務費	900,000円	252,000円
直接作業時間	54,000時間	18,000時間
機械作業時間	108,000時間	25,200時間

	(1)　直接労務費基準	(2)　直接作業時間基準	(3)　機械作業時間基準
実際配賦額	円	円	円

練習問題 6－2　次の資料にもとづいて，製造間接費の配賦率および製品P（製造指図書No. 10）への配賦額を計算し，下記の表に記入しなさい。なお，計算式も記入すること。

［資　料］

(1)	直接材料費総額	3,250,000円
(2)	直接労務費総額	2,600,000円
(3)	総直接作業時間	5,200時間
(4)	製造指図書No. 10に集計された直接材料費	162,500円
(5)	製造指図書No. 10に集計された直接労務費	104,000円
(6)	製造指図書No. 10に集計された直接作業時間	200時間
(7)	当月製造間接費実際発生額	1,950,000円

配賦基準	配賦率	製造指図書No. 10への配賦額
直接材料費		
直接労務費		
直接作業時間		

練習問題 6－3 次の取引を仕訳しなさい。ただし，使用する勘定科目は，材料，賃金，経費，仕掛品，製造間接費とする。

(1) 当月における材料，賃金，経費の消費高を，次の資料によって，仕掛品勘定と製造間接費勘定に計上した。

	製造指図書		製造指図書に
	No. 101	No. 102	直課できない消費高
材料	45,150円	38,850円	12,600円
賃金	52,500円	63,000円	35,700円
経費	18,900円	22,050円	44,100円

(2)① 製造間接費を，直接労務費基準によって，各製造指図書に実際配賦した。

② 製造間接費を，直接材料費基準によって，各製造指図書に実際配賦した。

		借方科目	金額	貸方科目	金額
(1)					
(2)	①				
	②				

練習問題 6－4 次の資料にもとづいて，製造指図書 No. 1952への製造間接費配賦額を計算しなさい。

［資　料］

(1)

出庫材料仕訳帳

日付		摘要	借方		貸方
			仕掛品	製造間接費	材料
			2,040,000	256,800	2,296,800

(2)

消費賃金仕訳帳

日付		摘要	借方		貸方
			仕掛品	製造間接費	賃金
			2,925,000	438,600	3,363,600

(3)

経 費 仕 訳 帳

日付		摘　　要	借　　方		貸　方
			仕掛品	製造間接費	
			573,500	1,352,100	1,925,600

(4) 製造間接費は，直接労務費にもとづいて配賦している。

(5) 当月における製造指図書 No. 1952の直接労務費は，830,000円であった。

製造指図書 No. 1952への配賦額		円

練習問題 6−5 次の(1)機械費計算月報を完成し，(2)製品 A および製品 B への製造間接費配賦額を計算しなさい。

(1)

機械費計算月報　　(単位：円)

費　　目	配賦基準	合　計	機械 1	機械 2
機械個別費		(　　　)	3,018,000	(　　　)
(細目省略)				
機械共通費				
間接賃金	工員数	2,640,000	(　　　)	(　　　)
動力費	馬力数×運転時間	1,960,000	(　　　)	(　　　)
建物費	占有面積	1,800,000	(　　　)	(　　　)
保険料	機械帳簿価額	440,000	(　　　)	(　　　)
		13,400,000	(　　　)	(　　　)
運転時間			500時間	400時間
機械率			(　　　)円/時間	(　　　)円/時間

配賦基準に関する資料	工員数	馬力数	占有面積	帳簿価額
機械 1	2 人	100馬力	20m^2	40,000,000円
機械 2	3 人	120馬力	20m^2	60,000,000円

(2) 製品 A および製品 B への製造間接費配賦額

各製品の機械通過時間	機械 1	機械 2	合　計
製品 A	200時間	250時間	450時間
製品 B	300時間	150時間	450時間

	機械 1	機械 2	合　計
製品Aへの配賦額	円	円	円
製品Bへの配賦額	円	円	円

練習問題 6－6 次の文の（ ）の中に，適切な言葉を入れなさい。ただし，（ ）内の同じ数字には，同じ言葉が入る。

(1) 製造間接費の予定配賦においては，（ ① ）ではなく（ ② ）を計算します。（ ② ）は，（ ③ ）に実際操業度を乗じて計算します。（ ③ ）は，一定期間における製造間接費予定発生額（予算）を同期間の（ ④ ）で除して計算します。

(2) 予定配賦を行うために，(1)で述べたように，（ ③ ）を算定するうえで基準となる操業度，すなわち（ ④ ）を選択しなければなりません。どのような操業度水準を（ ④ ）として選択するかは，どのような操業水準を正常と判断するかで決まります。通常，（ ⑤ ），（ ⑥ ）（正常操業度ともいいます），あるいは（ ⑦ ）（予算操業度ともいいます）が選択されます。

(3) 予定配賦を行うとき，製造間接費の実際発生額と（ ② ）はしばしば一致せず，（ ⑧ ）が生じます。『原価計算基準』は，それが少額であれば，原則として当年度の（ ⑨ ）に賦課するものとしています。どの操業水準を（ ④ ）として選択するかによって，（ ③ ）が異なり，その結果，（ ② ），（ ⑧ ）も異なります。

①		②		③	
④		⑤		⑥	
⑦		⑧		⑨	

練習問題 6－7 次の取引を仕訳しなさい。ただし，使用する勘定科目は，製造間接費，仕掛品，製造間接費配賦差異，および売上原価とする。

(1) 製造間接費を，直接材料費を基準にして，予定配賦した。予定配賦率は60%で，当月の直接材料費は1,200,000円であった。

(2) 当月の製造間接費実際発生額は740,000円であったので，配賦差額を製造間接費配賦差異勘定に振り替えた。

(3) 会計期末に，製造間接費配賦差異勘定の借方残高15,000円を売上原価勘定に振り替えた。

	借方科目	金額	貸方科目	金額
(1)				
(2)				
(3)				

練習問題 6－8 次の取引を下記の諸勘定に記入しなさい。なお，勘定の日付欄には，取引の番号（(1)，(2)，…）を，また摘要欄には，その記入の前提となった仕訳の相手勘定科目を記入しなさい。相手勘定科目が２つ以上ある場合には，「諸口」と書くこと。

(1) 材料仕入高　120,000円（全額，掛仕入）
(2) 材料払出高　104,000円（うち，80,000円は直接材料費）
(3) 賃金発生額　156,000円（うち，115,000円は直接賃金）
(4) 賃金支払額　164,000円（全額，現金払い）
(5) 製造間接費を，直接賃金の80％で予定配賦する。
(6) 予定配賦額を配賦製造間接費勘定から製造間接費勘定へ振り替えた。
(7) 実際発生額と予定配賦額の差額（配賦差異）を製造間接費配賦差異勘定に振り替えた。

（単位：円）

現　金

買 掛 金

材　料

賃金・給料

製造間接費

（経　費） 26,000	

仕 掛 品

配賦製造間接費

製造間接費配賦差異

練習問題 6－9 次の諸勘定の（　）の中に，適切な相手勘定科目あるいは金額を記入しなさい。なお，製造間接費は直接労務費を基準に予定配賦しており，予定配賦率は110％である。

（単位：円）

賃金・給料

	諸　口（　　）

製造間接費

材　料 28,000	（　　）（　　）
（　　） 37,000	製造間接費配賦差異（　　）
経　費 47,000	

仕 掛 品

材　料 120,000	
賃金・給料（　　）	
（　　）（　　）	

製造間接費配賦差異

製造間接費 2,000	

練習問題 6−10 次の資料にもとづいて，以下の(1)から(4)の問いに答えなさい。

［資　料］

① 当工場の月間の実際的生産能力，平均操業度，および期待実際操業度は，それぞれ8,000直接作業時間，6,500直接作業時間，および7,000直接作業時間である。

② 当工場の月間の製造間接費予算は，次のとおりである。

直接作業時間	6,500時間	7,000時間	7,500時間	8,000時間
製造間接費予算	754,000円	784,000円	814,000円	844,000円

③ 当月の実際直接作業時間は6,900時間であった。

④ 当月の製造間接費実際発生額は780,000円であった。

(1) 基準操業度として，①実際的生産能力，②平均操業度および③期待実際操業度を選択する場合のそれぞれについて，予定配賦率を計算しなさい。また，計算式も示すこと。

(2) 基準操業度として実際的生産能力を選択した場合の予定配賦額と配賦差異を計算しなさい。なお，配賦差異は，借方差異か貸方差異かを示すこと。以下も同じ。

(3) (2)で平均操業度を選択した場合の予定配賦額と配賦差異を計算しなさい。

(4) (2)で期待実際操業度を選択した場合の予定配賦額と配賦差異を計算しなさい。

(1)	①	
	②	
	③	

	予定配賦額	配賦差異
(2)	円	円（　　　）
(3)	円	円（　　　）
(4)	円	円（　　　）

練習問題 6－11　当工場では，機械作業時間を配賦基準として製造間接費を配賦している。次の資料にもとづいて，(1)実際配賦をする場合と(2)予定配賦をする場合について，配賦額を計算しなさい。また，(2)の場合については，配賦差異も計算し，借方差異か貸方差異かも示し，製造間接費勘定に記入しなさい。

［資　料］

①　当月の生産と実際機械作業時間

製造指図書	No. 10	4,000	時間
〃	No. 11	2,000	
〃	No. 12	3,000	
実際機械作業時間合計		9,000	時間

②　製造間接費実際発生額は，729,000円であった。

③　基準操業度は，10,000時間である。

④　基準操業度における製造間接費予算は，800,000円である。

	配賦額				配賦差異
	製造指図書			合計	
	No. 10	No. 11	No. 12		
(1)　実際配賦	円	円	円	円	
(2)　予定配賦	円	円	円	円	円（　　）

製造間接費

実際発生額	（　　　）	予定配賦額	（　　　）
配 賦 差 異	（　　　）	配 賦 差 異	（　　　）

(注)　配賦差異の（　）のうち不要なものについては，—を記入しなさい。

練習問題 6－12　当工場では，直接作業時間を配賦基準として製造間接費を予定配賦している。次の資料にもとづいて，(1)固定予算を用いる場合と(2)変動予算を用いる場合について，配賦差異を計算し，分析しなさい。

［資　料］

①　当月の実際操業度は3,000時間である。

②　当月の製造間接費実際発生額は750,000円である。

③　基準操業度は3,500時間である。

④　当月の製造間接費予算は，変動費率が100円/時間，固定費が350,000円である。

	配賦差異	予算差異	操業度差異
(1)	円（　　）	円（　　）	円（　　）
(2)	円（　　）	円（　　）	円（　　）

(注)（　）内には，借方差異であれば借方，貸方差異であれば貸方と記入しなさい。

第7章 部門費計算

学習のポイント

1　部門費計算とは，費目別計算を行った後，製造原価を原価部門に集計する手続のことです。原価部門とは，原価要素を分類集計するための計算組織上の区分のことで，切削部，加工部など製品加工に直接従事する製造部門と，製造部門に対して補助的関係にある補助部門とに分類されます。補助部門は，さらに，動力部，保全部など自己の用役を製造部門に提供する補助経営部門と，工場事務部，労務部など製造部門および補助経営部門のために必要な管理事務を担当する工場管理部門に分かれます。

2　原価を部門別に計算する目的は，合理的な製品原価を計算することと効果的な原価管理を行うことです。個別原価計算の場合は，通常，製造間接費を部門別計算の対象とします。

3　原価部門は，工場の組織図に規定される権限と責任に合致している必要があります。また，原価部門は多数であるほど望ましいのですが，計算の経済性も考えなければなりません。

4　部門費計算の手続は，部門費の第１次集計と補助部門費の製造部門への配賦（第２次集計といいます）の２つの段階からなります。

5　部門費の第１次集計において，各費目は，原価部門との関連にもとづいて，部門個別費と部門共通費の２つに分類します。部門個別費は各部門に直課（賦課）し，部門共通費は適切な配賦基準を用いて関係部門に配賦します。

6　部門費の第１次集計が終わると，補助部門費を製造部門に配賦しなければなりません。この配賦を部門費の第２次集計といいます。その方法には，補助部門間相互の用役の授受をどのように処理するかの違いから，直接配賦法や相互配賦法があります。

7　直接配賦法とは，補助部門費の配賦計算において，補助部門間相互の用役の授受を無視し，製造部門にのみ用役を提供したかのように計算する方法です。

8　相互配賦法とは，補助部門間相互の用役授受の事実を計算上も認める方法です。しかし，相互配賦法を純粋に適用すると計算の手間が大変なので，簡便法として，直接配賦法を組み合わせた配賦方法があります。すなわち，その方法によれば，第１次配賦は純粋の相互配賦法によって計算を行い，第２次配賦においては直接配賦法によって計算を行います。なお，純粋の相互配賦法は２級の出題範囲ではありません。

9　部門費の第２次集計は，補助部門費配賦表を利用して行います。

練習問題 7－1 下記の語群から適切な言葉を選択して，次の文章を完成させなさい。ただし，(　)内の同じ数字には，同じ言葉が入る。

(1) 工場における部門は，(①)と(②)に分類します。(①)とは，製品の加工に直接に従事する部門で，(②)とは，その部門で作り出した用役を他部門に提供する部門です。たとえば，(③)や(④)は(①)で，(⑤)や(⑥)は(②)です。

(2) (②)はさらに，(⑦)と(⑧)とに分けることがあります。(⑦)とは，自己の部門の用役を(①)に提供して，生産活動を直接的に補助することを任務とする部門で，(⑤)や(⑨)などがその例です。それに対して，(⑧)とは，工場全体の管理事務を担当する部門で，(⑥)や(⑩)などがその例です。

(3) 個別原価計算では，製造間接費を部門別に集計することが多く，この場合，製造間接費の費目ごとに，どの部門で発生したかを直接に認識できる費目，すなわち(⑪)と，2つ以上の部門に共通的に発生するため，どの部門で発生したかを直接に認識できない費目，すなわち(⑫)とに分類することが必要です。(⑪)は，その発生額を当該部門に(⑬)し，(⑫)は，その発生額を関係部門に(⑭)しなければなりません。

(語群)					
	機械加工部	組 立 部	動 力 部	修 繕 部	工場事務部
	労 務 部	製造部門	補助部門	工場管理部門	補助経営部門
	直 課	配 賦	部門個別費	部門共通費	

①		②		③		④	
⑤		⑥		⑦		⑧	
⑨		⑩		⑪		⑫	
⑬		⑭					

練習問題 7－2 次の資料により，部門共通費2,700,000円（内訳：減価償却費1,200,000円，建物保険料240,000円，機械保険料300,000円，福利施設負担額960,000円）を関係諸部門に配賦して，下の表を完成しなさい。

［資　料］

	合　計	第1製造部門	第2製造部門	A補助部門	B補助部門
占有面積（m^2）	2,400	960	960	120	360
機械帳簿価額（千円）	18,000	7,200	6,480	－	4,320
従業員数（人）	120	36	54	18	12

(単位：円)

費　　目	合　計	第１製造部門	第２製造部門	Ａ補助部門	Ｂ補助部門
建物減価償却費	1,200,000				
建 物 保 険 料	240,000				
機 械 保 険 料	300,000				
福利施設負担額	960,000				
合　計	2,700,000				

練習問題 7－3 次の資料にもとづいて，部門別配賦表を完成しなさい。

［資　料］

(1) 部門個別費：

	第１製造部	第２製造部	Ａ補助部門	Ｂ補助部門
間接材料費	165,000円	105,000円	－	30,000円
間接労務費	285,000円	255,000円	150,000円	120,000円

(2) 部門共通費：

福利費　150,000円　　建物減価償却費　165,000円　　電力料　150,000円

(3) 配賦基準：

	第１製造部	第２製造部	Ａ補助部門	Ｂ補助部門
従業員数	60人	45人	30人	15人
占有面積	$90m^2$	$180m^2$	$30m^2$	$30m^2$
機械馬力数	1,000馬力	600馬力	200馬力	200馬力

部門別配賦表　(単位：円)

費　　目	合　計	製造部門		補助部門	
		第１製造部	第２製造部	Ａ補助部門	Ｂ補助部門
部門個別費：					
間接材料費	300,000				
間接労務費	810,000				
部門共通費：					
福利費	150,000				
建物減価償却費	165,000				
電力料	150,000				
部門費	1,575,000				

練習問題 7−4 次の文の（ ）の中に，適切な言葉を入れなさい。ただし，（ ）内の同じ数字には，同じ言葉が入る。

(1) 部門費の第1次集計によって，各補助部門には，その補助部門の個別費と共通費配賦額が集計されています。そこで次に，補助部門費をその補助部門が用役を提供した関係部門に配賦しなければなりません。これを部門費の第2次集計，または（ ① ）といいます。（ ① ）によって，（ ② ）は最終的にはすべて（ ③ ）に集計されます。

(2) 補助部門費の配賦方法には，補助部門間同士の用役の授受をどのように処理するかによって，（ ④ ）や（ ⑤ ）があります。（ ④ ）とは，補助部門費の配賦計算において，補助部門間相互の用役の授受を無視し，製造部門にのみ用役を提供したかのように計算する方法です。それに対して，（ ⑤ ）とは，補助部門間相互の用役授受の事実を計算上も認める方法です。しかし，（ ⑤ ）を純粋に適用すると計算の手間が大変なので，簡便法として，（ ④ ）を組み合わせた配賦方法があります。すなわち，その方法によれば，純粋の（ ⑤ ）によって第1次配賦を終ったならば，第2次配賦においては（ ④ ）によって計算を行います。

①		②		③	
④		⑤			

練習問題 7−5 次の資料にもとづいて，直接配賦法によって，部門別配賦表を完成させ，補助部門費の配賦に必要な仕訳を示しなさい。ただし，使用する勘定科目は，切削部，組立部，動力部，修繕部および工場事務部とする。

［資　料］

	合　計	切削部	組立部	動力部	修繕部	工場事務部
部門費（円）	807,000	272,000	207,000	170,000	78,000	80,000
配賦基準量：						
従業員数（人）	20	4	6	3	3	4
修繕作業時間（時間）	160	70	60	20	10	−
機械運転時間（時間）	2,500	1,000	700	500	300	−

部門別配賦表　（単位：円）

	合　計	製造部門		補助部門		
		切削部	組立部	動力部	修繕部	工場事務部
部門費						
動力部費						
修繕部費						
工場事務部費						
合　計						

借　方　科　目	金　　額	貸　方　科　目	金　　額

練習問題 7－6　当工場では，相互配賦法（第２次配賦は直接配賦法による簡便法）を用いて，補助部門費の配賦を行っている。練習問題７－５の資料にもとづいて，部門別配賦表を完成させ，補助部門費を配賦する仕訳を，第１次配賦と第２次配賦に分けて示しなさい。なお，使用する勘定科目は，練習問題７－５で用いたものと同じとする。また，円未満は四捨五入すること。

部門別配賦表　　(単位：円)

	合　計	製造部門		補助部門		
		切削部	組立部	動力部	修繕部	工場事務部
部門費						
第１次配賦						
動力部費						
修繕部費						
工場事務部費						
第２次配賦						
動力部費						
修繕部費						
製造部門費						

借　方　科　目	金　　額	貸　方　科　目	金　　額

練習問題 7－7 次の資料にもとづき，相互配賦法を用いて，部門別配賦表を完成しなさい。ただし，第１次配賦は純粋の相互配賦法によって行うが，第２次配賦は直接配賦法によって行う。また，円未満は四捨五入すること。

［資　料］

	合　計	機　械 加工部	組立部	材　料 倉庫部	動力部	工　場 事務部
部門費（円）	1,794,000	630,000	540,000	210,000	190,000	224,000
配賦基準量：						
材料出庫額（円）	2,000,000	800,000	600,000	－	400,000	200,000
機械運転時間（時間）	1,500	1,200	225	75	－	－
従業員数（人）	10	3	4	1	2	－

部門別配賦表　　（単位：円）

	合　計	製造部門		補助部門		
		機械加工部	組立部	材料倉庫部	動力部	工場事務部
部門費	1,794,000					
第１次配賦						
材料倉庫部費						
動力部費						
工場事務部費						
第２次配賦						
材料倉庫部費						
動力部費						
工場事務部費						
製造部門費						

練習問題 7－8 当工場では，補助部門である保全部門が第１製造部門と第２製造部門に対して保全作業を提供しており，各製造部門での予定保全作業時間を配賦基準として保全部門費を各製造部門へ予定配賦している。次の資料にもとづいて，諸勘定の（　）の中に，適切な金額を記入しなさい。

[資　料]

(1) 予算に関するデータ

保全部門費予算　5,000,000円

予定保全作業時間：第１製造部門　200時間　第２製造部門　300時間

(2) 実績に関するデータ

保全部門費実際発生額　5,390,000円

実際保全作業時間：第１製造部門　210時間　第２製造部門　280時間

（単位：千円）

第１製造部

保　全　部（　　　）	

第２製造部

保　全　部（　　　）	

保　全　部

実際発生額　5,390	第１製造部（　　　）
配 賦 差 異（　　　）	第２製造部（　　　）
	配 賦 差 異（　　　）

(注) 配賦差異の（　）のうち，不要なものについては「―」を記入しなさい。

練習問題 7－9 当工場では，補助部門である動力部が製造部門である組立部と塗装部に対して動力を提供しており，各製造部門での予定動力消費量を配賦基準として動力部門費を各製造部門へ予定配賦している。次の資料にもとづいて，諸勘定の（　）の中に，適切な金額を記入しなさい。

[資　料]

(1) 予算に関するデータ

動力部門費予算　9,800,000円

予定動力使用量：組立部　50万 kwh　塗装部　48万 kwh

(2) 実績に関するデータ

動力部門費実際発生額　9,700,000円

実際動力使用量：組立部　47万 kwh　塗装部　52万 kwh

（単位：千円）

組 立 部

動　力　部（　　　）	

塗 装 部

動　力　部（　　　）	

動 力 部

実際発生額　9,700	組　立　部（　　　）
配 賦 差 異（　　　）	塗　装　部（　　　）
	配 賦 差 異（　　　）

(注) 配賦差異の（　）のうち，不要なものについては「―」を記入しなさい。

第8章 個別原価計算

学習のポイント

原価計算の計算対象となる製品には，受注製品と見込大量生産製品があります。このうち，個別原価計算は，顧客の注文で指定された規格の製品製造を行う受注生産に対して行われる原価計算です。製造される製品は，大型船舶，旅客機や電子部品などさまざまです。この章では，受注製品に対して適用される個別原価計算を学習します。

学習のポイントとして，仕訳の理解が必要であり，そのためには下記の基本的な勘定連絡図を理解する必要があります。

（単純個別原価計算）…直接経費がない場合

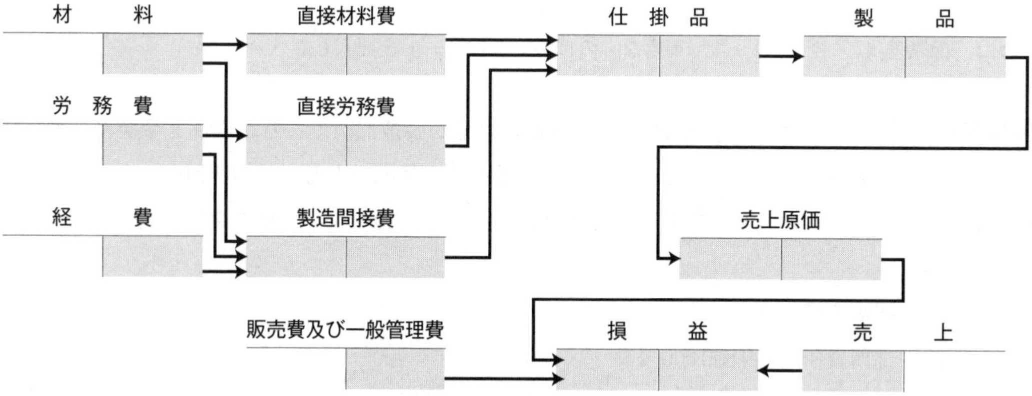

この図にもとづいて，次の仕訳も理解できます。

＜事例＞　仕掛品××が完成したので製品に振り替えた。

（借）製　　　品　××　（貸）仕　掛　品　××

また，個別原価計算では，製造指図書や原価計算表に原価を集計しますが，これは次の図のとおり，直課と配賦で計算します（直接経費がない場合）。

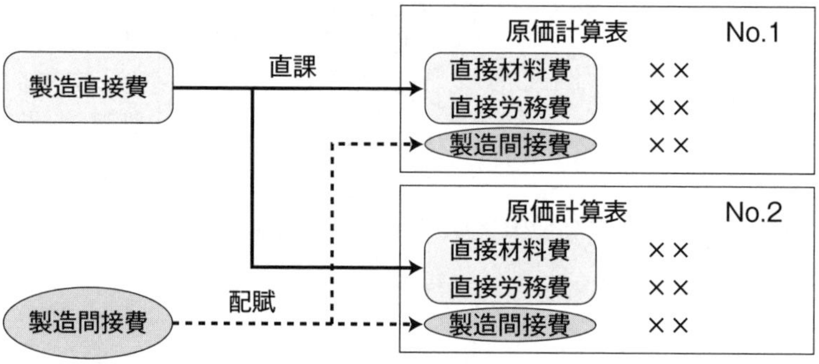

練習問題 8－1 当社では，当月より営業を開始し，実際単純個別原価計算を採用している。次の当月の一連の取引について仕訳しなさい。ただし，勘定科目は最も適当と思われるものを選び，(　)の中に記号で解答すること。

ア　材料　　イ　現金　　ウ　賃金・給料　　エ　仕掛品　　オ　製造間接費　　カ　原価差異

(1)　材料600kg を800円/kg にて現金で購入した。なお，購入に際しては，購入代価の10%を引取費用として現金で支払っている。

(2)　材料の払出は500kg であった（うち，指図書番号の記入のある消費は400kg であった)。材料費は購入原価の平均単価で計算している。

(3)　当月の労務費計算で直接工の実際直接作業時間は1,200時間であった。直接工賃金の計算では，1時間当たり1,200円の予定賃率を用いている。また，間接工の前月賃金未払高は800,000円，当月賃金支払高は1,800,000円，当月賃金未払高は600,000円であった。

(4)　当月の直接作業時間にもとづき，予定配賦率により製造間接費を製造指図書に配賦する。なお，製造間接費の予定配賦率は1時間当たり1,250円となっている。

(5)　製造間接費の実際発生額と予定配賦額との差異を原価差異勘定に振り替える。

	借方		貸方	
	記号	金　額	記号	金　額
(1)	(　　)		(　　)	
(2)	(　　) (　　)		(　　) (　　)	
(3)	(　　) (　　)		(　　) (　　)	
(4)	(　　)		(　　)	
(5)	(　　)		(　　)	

練習問題 8－2 当工場では，実際個別原価計算を採用している。次の資料にもとづいて，下記の問いに答えなさい。

［資　料］

製造指図書番号	直接材料費	直接労務費	製造間接費	備　　考
#10	400,000円	350,000円	500,000円	5/15製造着手，5/26完成，5/31在庫，6/2に2,380,000円で販売
#11	250,000円（6月分：30,000円）	320,000円（6月分：80,000円）	300,000円（6月分：90,000円）	5/24製造着手，5/31仕掛，6/3完成，6/6に1,850,000円で販売
#12	720,000円	650,000円	580,000円	6/7製造着手，6/9一部仕損，6/16完成，6/20に4,200,000円で販売
#12-2	50,000円	50,000円	80,000円	6/10補修開始，6/13補修完了
#13	520,000円	390,000円	600,000円	6/22製造着手，6/29完成，6/30在庫
#14	100,000円	30,000円	40,000円	6/29製造着手，6/30仕掛

なお，#12-2は仕損が生じた#12を補修して合格品とするために発行した指図書であり，仕損は正常なものであった。

問1　6月の製造原価報告書と月次損益計算書を作成しなさい。

問2　仕掛品勘定と製品勘定の（　）内に適切な金額を記入しなさい。なお，仕訳と元帳転記は月末にまとめて行っている。

問1

製造原価報告書　（単位：円）

直接材料費	（　　）	
直接労務費	（　　）	
製造間接費	（　　）	
当月製造費用		（　　）
月初仕掛品原価		（　　）
合　計		（　　）
月末仕掛品原価		（　　）
当月製品製造原価		（　　）

月次損益計算書　（単位：円）

売上高	（　　）
売上原価	（　　）
売上総利益	（　　）
販売費及び一般管理費	2,120,000
営業利益	（　　）

問2

(単位：円)

仕掛品

6/ 1 月初有高	(　　　)	6/30 完成高	(　　　)
30 直接材料費	(　　　)	〃 月末有高	(　　　)
〃 直接労務費	(　　　)		
〃 製造間接費	(　　　)		
	(　　　)		(　　　)

製品

6/ 1 月初有高	(　　　)	6/30 売上原価	(　　　)
30 完成高	(　　　)	〃 月末有高	(　　　)
	(　　　)		(　　　)

練習問題 8－3 当社では，受注生産を行っているので，製品原価の計算には実際個別原価計算を採用している。(1)から(5)の一連の取引について仕訳しなさい。勘定科目は，最も適当と思われるものを選び，(　)の中に記号で解答すること。

ア　現金　　イ　製品　　ウ　材料　　エ　売掛金　　オ　買掛金
カ　製造間接費　　キ　賃金・給料　　ク　売掛金　　ケ　仕掛品　　コ　原価差異

(1)　当月購入したM原料は15,000kgであり，その代金6,300,000円は翌月の10日払いである。なお，この購入にかかわる当社負担の運送費および保険料の合計金額150,000円を，他社振出しの小切手にて支払った。

(2)　当月払い出したM原料は9,750kgであり，うち，製造指図書＃1の消費は2,340kg，製造指図書＃2の消費は5,850kg，製造指図書＃3の消費は1,560kgであった。原料費の計算には先入先出法にもとづく実際払出価格を用いている。なお，原料の月初在庫は0kg，月末在庫は5,250kgであり，棚卸減耗はなかった。

(3)　直接工賃金の計算には，直接作業時間当たり800円の予定消費賃率を用いている。製造指図書＃1の実際直接作業時間は1,800時間，製造指図書＃2の実際直接作業時間は1,400時間，製造指図書＃3の実際直接作業時間は2,100時間，すべての製造指図書に共通の実際間接作業時間は1,000時間であった。

(4)　製造間接費の計算には，部門別の実際機械運転時間にもとづく予定配賦率を用いている（第1部門の予定配賦率は600円，第2部門の予定配賦率は1,200円である）。第1部門の実際機械運転時間は，製造指図書＃2の900時間と製造指図書＃3の1,000時間であり，第2部門の実際機械運転時間は，製造指図書＃1の1,200時間，製造指図書＃2の700時間および製造指図書＃3の800時間であった。

(5)　製造指図書＃1と製造指図書＃2が完成した。ただし，当月の製造費用（直接材料費，直接労務費および製造間接費配賦額）は，上記の(2)，(3)および(4)のみであり，製造指図書＃1には先月の製造費用4,000,000円（内訳：直接材料費1,500,000円，直接労務費1,200,000円，第1部門の製造間接費配賦額1,300,000円）が繰り越しされている。

	借方 記号	借方 金額	貸方 記号	貸方 金額
(1)	(　　) (　　)		(　　) (　　)	
(2)	(　　)		(　　)	
(3)	(　　) (　　)		(　　) (　　)	
(4)	(　　)		(　　)	
(5)	(　　)		(　　)	

練習問題 8－4　次の資料にもとづいて，X工業の１月の製造間接費勘定と仕掛品勘定を完成しなさい。なお，勘定記入は月末にまとめて行っている。

［資　料］

1．棚卸資産有高

（単位：円）

	月初有高	月末有高
素材	900,000	1,000,000
部品	100,000	150,000
消耗工具器具備品	50,000	80,000
仕掛品	2,350,000	2,200,000

2．直接工の作業時間および賃率

直接工の総就業時間の内訳は，直接作業時間が2,400時間，間接作業時間が200時間であった。なお，賃金計算では，平均賃率である１時間当たり1,200円を適用している。

3．１月中の支払高等

（単位：円）

素材仕入高	5,500,000	間接工賃金当月未払高	180,000
部品仕入高	900,000	電力料金（測定額）	220,000
消耗工具器具備品仕入高	250,000	賃借料（月割額）	250,000
間接工賃金当月支払高	580,000	減価償却費（月割額）	1,100,000
間接工賃金前月未払高	150,000	水道料金（測定額）	80,000

4．製造間接費は直接材料費の40％を配賦している。

製造間接費　（単位：円）

間接材料費	(　　)	予定配賦額	(　　)
間接労務費	(　　)	配賦差異	(　　)
間接経費	(　　)		
	(　　)		(　　)

仕掛品　（単位：円）

月初有高	(　　)	製品	(　　)
直接材料費	(　　)	月末有高	(　　)
直接労務費	(　　)		
製造間接費	(　　)		
	(　　)		(　　)

第9章 総合原価計算

学習のポイント

この章では，製造業の中で，私たちの身の回りにある，似通った製品を継続的に大量生産する企業が適用する総合原価計算を学びます。この総合原価計算は，製造工程や製品に応じてさまざまな計算方法があります。通常，次のような計算方法に分類されます。

1　単一工程単純総合原価計算（１種類の製品を単一工程で生産）

月末仕掛品原価から完成品総合原価を計算します。

①　平均法による月末仕掛品原価の計算

$$月末仕掛品原価=\frac{月初仕掛品原価+当月製造費用}{完成品量+月末仕掛品換算量}\times 月末仕掛品換算量$$

②　先入先出法による月末仕掛品原価の計算

$$月末仕掛品原価=\frac{当月製造費用}{完成品量-月初仕掛品換算量+月末仕掛品換算量}\times 月末仕掛品換算量$$

2　工程別総合原価計算（１種類の製品を連続する複数工程で生産）

最初の工程で計算した原料費と加工費による完成品原価を次工程へ振り替え，その次工程では，これを前工程費として，その工程で生じた原価を加えて計算する累加法で計算します。

3　等級別総合原価計算（同一工程で同種の等級別製品を生産）

同種製品である等級製品の原価計算では，それぞれの製品の重量，長さ，面積などによる原価負担比率である等価係数から製品原価を計算します。

4　組別総合原価計算（同一工程で異種の組製品を生産）

同一の工程で製造する異種製品について，それを組製品とし，組直接費は直課し，組個別費は配賦して製品原価を計算します。

練習問題 9－1 製品Xを製造する当社では，単純総合原価計算で製品原価を計算している。次の資料にもとづき，下記の問に答えなさい。なお，原価投入額を完成品総合原価と月末仕掛品原価に配分する方法として先入先出法を用い，正常仕損は工程の途中で発生したため，その正常仕損費は完成品と月末仕掛品に負担させる。

[資　料]

[生産データ]

月初仕掛品	200個	(50%)
当月投入量	1,800	
合　計	2,000個	
差引：正常仕損	200	
月末仕掛品	400	(50%)
完成品	1,400個	

[原価データ]

月初仕掛品原価	
直接材料費	132,000円
加　工　費	100,000
小　計	232,000円
当月製造費用	
直接材料費	1,080,000円
加　工　費	1,350,000
小　計	2,430,000円
合　計	2,662,000円

＊　直接材料は工程の始点で投入しており，(　) 内は加工費の進捗度である。仕損品に処分価額はない。

問1　今月の月末仕掛品原価を計算しなさい。

問2　今月の完成品総合原価を計算しなさい。

問3　今月の完成品単位原価を計算しなさい。

問1　今月の月末仕掛品原価＝［　　　　］円

問2　今月の完成品総合原価＝［　　　　］円

問3　今月の完成品単位原価＝［　　　　］円/個

練習問題 9－2 次の資料にもとづき，総合原価計算表を完成し，完成品単位原価を求めなさい。なお，工程別計算は累加法により，第1工程は平均法，第2工程は先入先出法で原価配分することとし，減損は通常発生する正常なものであるため，第1工程は度外視法により計算し，第2工程は完成品に負担させることとする。

[資　料]

	第1工程	第2工程
月初仕掛品	800kg (50%)	200kg (50%)
当月投入	4,000	4,000
合　計	4,800kg	4,200kg
正常減損	400(途中)	200(終点)
月末仕掛品	400(50%)	400(50%)
完成品	4,000kg	3,600kg

＊　原料は第1工程の始点で投入している。(　) 内は加工費の進捗度および減損発生点を示している。

総合原価計算表　　　　(単位：円)

	第1工程		第2工程	
	原料費	加工費	前工程費	加工費
月初仕掛品原価	300,000	240,000	180,000	82,000
当月製造費用	1,460,000	2,280,000	(　　　)	3,120,000
合　　計	(　　　)	(　　　)	(　　　)	(　　　)
月末仕掛品原価	(　　　)	(　　　)	(　　　)	(　　　)
完成品総合原価	(　　　)	(　　　)	(　　　)	(　　　)

完成品単位原価＝[　　　　　]円/kg

練習問題 9－3　N製作所では，材料Xを工程の始点で投入し，その後に材料Yを工程を通じて平均的に追加投入することで，製品Pを生産している。なお，原価計算の方法としては，単純総合原価計算を採用し，材料Yの追加投入によっては製品の数量は変化しないものとする。また，原価投入額合計を完成品と月末仕掛品とに配分する方法および製品の庫出単価を計算する方法はともに先入先出法を用い，当月において仕損等は一切発生していない。

下記の資料にもとづき(1)総合原価計算表を完成させ，(2)製品Pの売上原価を算定しなさい。

［資　料］

① 当月の生産・販売データ

月初仕掛品	200個	(75%)	月初製品数量	150個
当月完成品	1,800個		当月販売量	1,850個
月末仕掛品	400個	(50%)	月末製品数量	100個

(注)　(　)内は加工進捗度を示している。

② 当月の原価データ

月初仕掛品原価	640,500円
当月製造費用	21,305,500円
月初製品原価	1,413,000円

(注)　原価データは解答欄にも示してある。

(1)

総合原価計算表　　(単位：円)

	材料X	材料Y	加工費
月初仕掛品	(　　)	127,000	160,000
当月製造費用	(　　)	(　　)	5,642,500
合計	(　　)	(　　)	(　　)
月末仕掛品	2,400,000	396,000	(　　)
完成品	(　　)	(　　)	(　　)

(2)

売上原価＝　　　　円

練習問題 9－4 次の資料にもとづいて，等級製品AおよびBの完成品総合原価と完成品単位原価を先入先出法によって計算しなさい。なお，等価係数は製品1個当たりの重量とすること。

[資　料]

[生産データ]

月初仕掛品	200個	(50%)
当月製造費用	4,400	
合　計	4,600個	
月末仕掛品	600	(50%)
完成品	4,000個	

[原価データ]　(単位：円)

月初仕掛品原価	
直接材料費	72,000
加工費	57,000
小計	129,000
当月製造費用	
直接材料費	1,320,000
加工費	1,890,000
小計	3,210,000
	3,339,000

＊　完成品は，製品Aが800個，製品Bが3,200個である。

また，直接材料は工程の始点で投入し，(　) 内は加工費の進捗度である。

[製品1個当たりの重量]　(単位：g)

製品A：100　　製品B：50

製品Aの完成品総合原価＝　　　　円

製品Aの完成品単位原価＝　　　　円/個

製品Bの完成品総合原価＝　　　　円

製品Bの完成品単位原価＝　　　　円/個

第10章 標準原価計算

学習のポイント

この章では，原価を予定額で計算する標準原価計算を学びます。事前に予定した標準原価は，月末に判明した実際原価と比較して，原価差異を計算し，その原因分析を行います。原価差異の計算は，直接材料費，直接労務費，製造間接費のそれぞれについて行うので，この章では，次の3つの費目の原価差異を計算します。

1　直接材料費の差異

直接材料費総差異＝実際直接材料費－標準直接材料費＝価格差異＋数量差異

標準直接材料費＝(完成品量－月初仕掛品換算量＋月末仕掛品換算量)×直接材料費標準

価格差異＝(実際価格－標準価格)×実際材料消費量

数量差異＝(実際材料消費量－標準材料消費量)×標準価格

2　直接労務費の差異

直接労務費総差異＝実際直接労務費－標準直接労務費＝賃率差異＋時間差異

標準直接労務費＝(完成品量－月初仕掛品換算量＋月末仕掛品換算量)×直接労務費標準

賃率差異＝(実際賃率－標準賃率)×実際直接作業時間

時間差異＝(実際直接作業時間－標準直接作業時間)×標準賃率

3　製造間接費の差異

製造間接費総差異＝実際製造間接費－標準製造間接費（標準配賦額）

予算差異＝実際製造間接費－(実際作業時間×変動費率＋固定費)

能率差異＝(実際作業時間－標準作業時間)×標準配賦率

操業度差異＝(正常作業時間－実際作業時間)×固定費率

また，標準原価計算は，パーシャル・プランとシングル・プランという2つの種類があります。

<パーシャル・プラン>

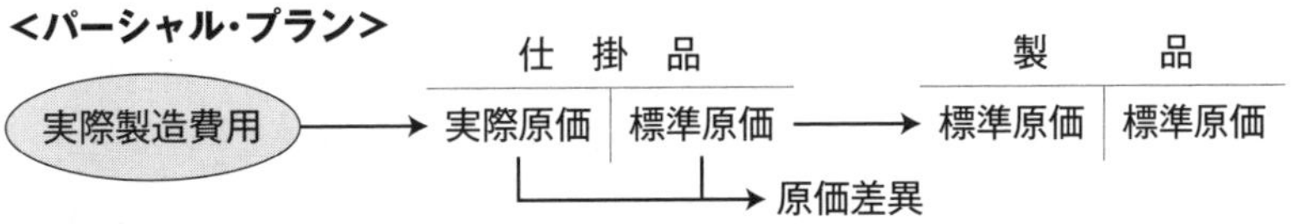

<シングル・プラン>

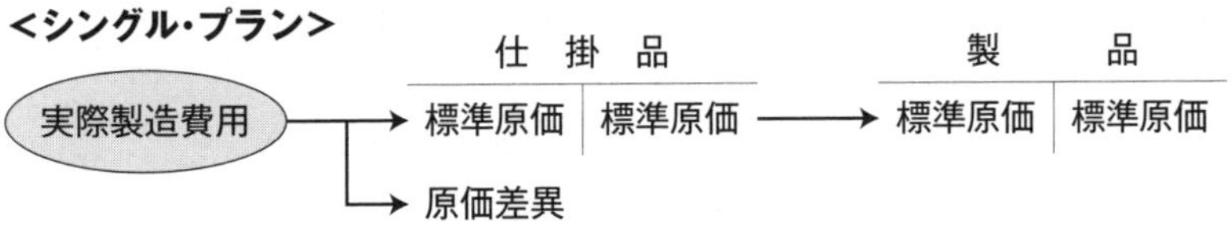

練習問題 10−1 当社はパーシャル・プランによる標準原価計算を採用している。次の資料にもとづいて，下記の問いに答えなさい。

[資　料]

(1) 製品Ｚ1個の原価標準

標準原価カード：製品Ｚ

	（標準消費量）		（標準価格）	
直接材料費	2 kg	×	400円	800円
	（標準作業時間）		（標準賃率）	
直接労務費	2時間	×	900円	1,800円
	（標準作業時間）		（標準配賦率）	
製造間接費	2時間	×	1,600円	3,200円
				5,800円

なお，製造間接費の標準配賦率のうち，変動費率は600円である。

(2) 当月の実際直接材料費　420円/kg×17,000kg

(3) 当月の実際直接労務費　930円/時間×16,500時間

(4) 当月実際製造間接費

変動費	9,980,000円
固定費	16,600,000円
合計	26,580,000円

(5) 当月の生産データ

月初仕掛品	400個（進捗度50％）
当月完成品量	8,000個
月末仕掛品	600個（進捗度50％）

問1　当月の直接材料費の差異分析を行いなさい。なお，各差異については，（　）内の「有利」または「不利」を○で囲むこと。

問2　当月の直接労務費の差異分析を行いなさい。なお，各差異については，（　）内の「有利」または「不利」を○で囲むこと。

問3　当月の製造間接費の差異分析を行いなさい。なお，各差異については，（　）内の「有利」または「不利」を○で囲むこと。

問1　直接材料費総差異＝［　　　　］円（有利・不利）差異

価格差異　　＝［　　　　］円（有利・不利）差異

数量差異　　＝［　　　　］円（有利・不利）差異

問2　直接労務費総差異＝［　　　　］円（有利・不利）差異

賃率差異　　＝［　　　　］円（有利・不利）差異

時間差異　　＝［　　　　］円（有利・不利）差異

問3　製造間接費総差異＝［　　　　　］円（有利・不利）差異

予算差異　　　＝［　　　　　］円（有利・不利）差異

能率差異　　　＝［　　　　　］円（有利・不利）差異

操業度差異　　＝［　　　　　］円（有利・不利）差異

練習問題 10−2　X工業は，パーシャル・プランによる標準原価計算を採用している。次の資料にもとづき，当月の勘定連絡図の（　）に金額を記入しなさい。

［資　料］

(1)　製造間接費予算（月間）　変動費　8,640,000円
　　　　　　　　　　　　　　固定費　6,480,000円
　　　　　　　　　　　　　　合計　15,120,000円

(2)　製品単位当たり標準直接作業時間　2時間

(3)　当月正常直接作業時間　3,600時間

(4)　当月実際製造間接費　14,920,000円（うち変動費は，8,160,000円）

(5)　当月生産データ　月初仕掛品　400kg（進捗度50%）
　　　　　　　　　　　当月完成品　1,800kg
　　　　　　　　　　　月末仕掛品　200kg（進捗度50%）

(6)　当月実際直接作業時間　3,500時間

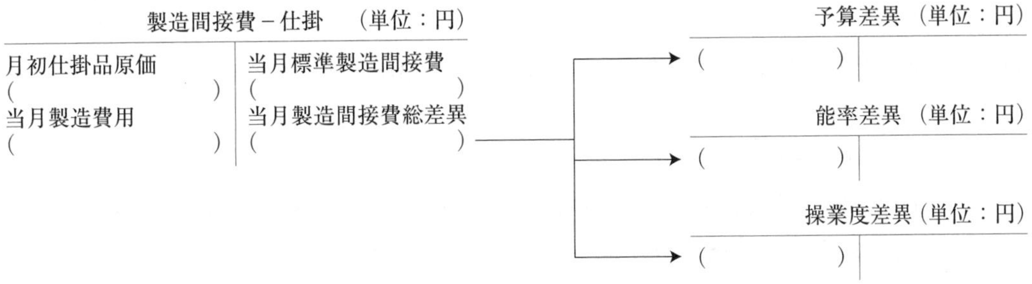

練習問題 10－3 製品Xを製造するY製作所は，パーシャル・プランの標準原価計算を採用し，製造間接費の配賦基準である直接作業時間について，年間の正常直接作業時間を18,000時間としている。このとき，次の資料にもとづき，下記の問いに答えなさい。

［資　料］

1．標準変動製造間接費配賦率　1,600円/時間

2．製品1個当たり標準直接作業時間　3時間

3．当月実際製造間接費　4,225,000円（うち変動費2,425,000円）

4．当月生産データ　月初仕掛品　20個（進捗度50％）

　　当月完成品　465個

　　月末仕掛品　30個（進捗度50％）

5．当月実際直接作業時間　1,480時間

（注）なお，固定費の発生額は予定どおりであった。

問い 当月の製造間接費について，総差異，予算差異，能率差異，操業度差異を計算しなさい。なお，それぞれについて（　）内の「有利」または「不利」を○で囲むこと。

製造間接費総差異＝［　　　　］円（有利・不利）差異

予算差異＝［　　　　］円（有利・不利）差異

能率差異＝［　　　　］円（有利・不利）差異

操業度差異＝［　　　　］円（有利・不利）差異

練習問題 10－4 製品Aを生産する当工場では，標準原価計算を採用しパーシャル・プランを用いて記帳している。下記の資料にもとづいて次の問いに答えなさい。

(1) 標準原価カードを作成しなさい。

(2) 直接材料費，直接労務費，製造間接費の総差異をそれぞれ求めなさい。

(3) 製造間接費の総差異を予算差異，操業度差異，能率差異に分解しなさい。

［資　料］

① 標準原価に関するデータ

直接材料費の標準消費価格	1,500円/kg
直接材料費の標準消費量	8 kg/個
直接労務費の標準賃率	1,800円/時間
直接労務費の標準直接作業時間	6時間/個
製造間接費予算（年間）	61,200,000円
正常直接作業時間（年間）	30,600時間

（注）製造間接費は直接作業時間にもとづいて製品に標準配賦している。

② 当月の生産実績に関するデータ

月初仕掛品量　10個（50％）

当月製品完成量　400個

月末仕掛品量　　40個（50%）

（注）直接材料はすべて工程の始点で投入している。また，（　）内は加工進捗度を示している。なお，当月において仕損等は一切発生していない。

③ 当月の実際原価に関するデータ

直接材料費	実際消費単価	1,700円/kg
	実際消費量	3,500kg
直接労務費	実際賃率	1,600円/時間
	実際直接作業時間	2,550時間
製造間接費	実際原価	5,456,200円

（注）製造間接費に関しては固定予算を採用している。

⑴ 標準原価カード

直接材料費	（　　　）円/kg　×	（　　　）kg/個　=	（　　　）円/個
直接労務費	（　　　）円/時間×	（　　　）時間/個=	（　　　）円/個
製造間接費	（　　　）円/時間×	（　　　）時間/個=	（　　　）円/個
合　計			（　　　）円/個

⑵ 各費目総差異の算定

直接材料費総差異		円（借方・貸方）差異
直接労務費総差異		円（借方・貸方）差異
製造間接費総差異		円（借方・貸方）差異

（　）内には，借方差異ならば「借方」，貸方差異ならば「貸方」を○で囲みなさい。
なお，差異がゼロの場合は（　）内の「借方」と「貸方」に二重線を引くこと。

⑶ 製造間接費総差異の分解

予算差異		円（借方・貸方）差異
操業度差異		円（借方・貸方）差異
能率差異		円（借方・貸方）差異

（　）内には，借方差異ならば「借方」，貸方差異ならば「貸方」を○で囲みなさい。
なお，差異がゼロの場合は（　）内の「借方」と「貸方」に二重線を引くこと。

練習問題 10－5 当工場では，製品Aを量産し，シングル・プランの標準原価計算を採用している。下記の資料にもとづき，直接材料費，直接工賃金，製造間接費および仕掛品それぞれの勘定で把握される標準原価総差異の金額を計算しなさい。なお，借方差異の場合には金額の前に「△」を付し，それ以外の場合には金額のみ記入しなさい。

［資　料］

(1) 製品Aの1個当たりの標準原価

直接材料費	@ 900円×3kg	＝2,700円
直接労務費	@1,100円×1時間	＝1,100円
製造間接費	@1,400円×1時間	＝1,400円
		5,200円

(2) 当月の実際消費データ

直接材料費関連	実際消費単価	1,000円/kg
	月初残高	300kg
	当月仕入量	2,500kg
	月末残高	200kg

（注） 当月において棚卸減耗等は発生していない。

直接工賃金関連	実際賃率	1,200円/時間
	当月給与支給額	960,000円（この中には前月分の作業時間に対応する金額が60,000円含まれている）
	当月給与未払額	84,000円

（注） 当工場では，給与計算期間と原価計算期間がずれている。

製造間接費関連	実際発生額	1,053,000円

（注） 製造間接費は機械作業時間にもとづいて標準配賦しており，当月の実際機械作業時間は810時間である。

(3) 当月の生産実績

月初仕掛品	100個（50%）
当 月 投 入	900
合　計	1,000個
月末仕掛品	300（60%）
完 成 品	700個

（注） 材料はすべて工程の始点で投入している。また，（ ）内は加工進捗度を示している。なお，当月において仕損等は発生していない。

直接材料費勘定＝［　　　　］円　　直接工賃金勘定＝［　　　　］円

製造間接費勘定＝［　　　　］円　　仕掛品勘定　　＝［　　　　］円

第11章 原価・営業量・利益関係の分析

学習のポイント

1　原価・営業量・利益関係の分析とは，営業量の変化によって，原価や利益がどのように変化するのかを見るための分析をいいます。CVP分析ないし損益分岐分析とよばれます。

2　原価・営業量・利益の関係を描いた図をCVP図表といいます。

3　CVP分析では，利益がゼロとなる点（損益分岐点）の販売量と売上高，目標利益を達成する販売量と売上高，目標売上高営業利益率を達成する売上高を算出するためのさまざまな基本公式が使われます。

損益分岐点の販売量＝固定費÷(販売単価－単位当たり変動費)

目標営業利益を達成する販売量＝(固定費＋目標営業利益)÷(販売単価－単位当たり変動費)

損益分岐点の売上高＝固定費÷(1－変動費率)

目標営業利益を達成する売上高＝(固定費＋目標営業利益)÷(1－変動費率)

目標売上高営業利益率を達成する売上高＝固定費÷(1－変動費率－目標売上高営業利益率)

4　貢献利益とは，売上高から変動費を引いたものであり，固定費を回収し，営業利益を創出することに貢献します。

5　安全余裕率，損益分岐点比率，経営レバレッジ係数は，それぞれ，営業量が現在の営業量からどれだけ減少すると利益がゼロになるのか，現在の営業量のどれだけの割合になると利益がゼロになるのか，営業量の変化に対し営業利益はどれだけ変化するのかを示す指標です。

安全余裕率＝(現在の売上高－損益分岐点の売上高)÷現在の売上高×100（%）

あるいは，

＝(現在の販売量－損益分岐点の販売量)÷現在の販売量×100（%）

損益分岐点比率＝(損益分岐点の売上高÷現在の売上高)×100（%）

経営レバレッジ係数＝貢献利益÷営業利益

6　直接原価計算（第13章で詳しく扱います）は，原価（製造原価，販売費及び一般管理費）を変動費と固定費とに分解し，売上高からまず変動費を差し引いて貢献利益を計算し，貢献利益から固定費を差し引いて営業利益を計算します。つまり，損益計算書上に，CVP分析に役立つ原価・営業量・利益の関係が明示されることとなります。それゆえ，直接原価計算による損益計算書を用いてCVP分析を行うことが可能となります。

練習問題 11－1 三ケ日製作所は，製品Xを製造・販売している。製品Xに関する次の資料にもとづいて，以下の(1)から(5)を計算しなさい。

［資　料］

販売単価	1,000円
製品1個当たり変動売上原価	
原料費	200円
加工費	200円
製品1個当たり変動販売費	150円
固定費（年間）	
製造原価	250,000円
販売費及び一般管理費	200,000円

(1) 貢献利益率

(2) 損益分岐点の売上高

(3) 目標営業利益225,000円を達成する売上高

(4) 目標営業利益率15％を達成する売上高

(5) 現在の売上高が1,600,000円である場合の安全余裕率

(1)	％	(2)	円	(3)	円
(4)	円	(5)	％		

練習問題 11－2 当社は，製品Sを生産・販売している。製品Sの変動費率は45％（変動製造原価÷売上高×100＝30％，変動販売費÷売上高×100＝15％）である。年間の固定費予算は，固定製造原価が360,000円，固定販売費及び一般管理費が300,000円である。このとき，次の(1)から(4)に答えなさい。

(1) 年間の損益分岐点の売上高はいくらになるか。

(2) 目標営業利益82,500円を達成するために必要な売上高はいくらになるか。

(3) 販売単価が120円である場合，目標営業利益59,400円を達成するために必要な販売数量はいくらか。

(4) 次期に見込まれる売上高は1,500,000円であるとき，損益分岐点比率は何％か。

(1)	円	(2)	円	(3)	個
(4)	％				

練習問題 11−3 当社は，製品Ｘを製造，販売している。当社では次期の利益計画のために直接原価計算による損益計算書を作成し，CVP分析を行おうとしている。次の資料をもとにして，下記の各問いに答えなさい。

［資　料］

1．当期の直接原価計算による損益計算書　（単位：円）

売上高	6,000,000
変動売上原価	2,700,000
変動製造マージン	3,300,000
変動販売費	300,000
貢献利益	3,000,000
製造固定費	800,000
固定販売費及び一般管理費	400,000
営業利益	1,800,000

2．当期においては期首・期末に仕掛品や製品は存在せず，当期に完成した製品15,000個はすべて当期のうちに販売された。また，直接材料費と直接労務費はすべて変動費であり，製造間接費と販売費及び一般管理費については変動費と固定費があった。なお，製品Ｘの販売価格，１個当たりの変動費は期を通じて一定であるとする。

⑴　当期の損益分岐点の売上高を計算しなさい。

⑵　次期に，製品Ｘの販売価格，１個当たりの変動費，固定費ともその金額が当期と同一であると仮定した場合，営業利益2,800,000円を達成するために必要な売上高を計算しなさい。

⑶　次期に，製品Ｘの販売価格，１個当たりの変動費，固定費ともその金額が当期と同一であると仮定した場合，営業利益率40％を達成するために必要な製品Ｘの販売量を答えなさい。

⑴	円	⑵	円	⑶	個

第12章

原価予測の方法

学習のポイント

1　利益管理や原価管理のために，原価発生額を予測する方法について学びます。

2　原価は，原価態様（コスト・ビヘイビア）の違いにより，変動費，固定費，準変動費，準固定費に分類されます。

3　費目別精査法とは，元帳を精査して，費目ごとに変動費と固定費を選び出し，それらについて原価関数を予測する方法をいいます。

4　高低点法とは，複数の原価データを集め，それらの中から最大営業量のときのデータと最小営業量のときのデータを選び，その2つの値を結んだ直線から原価関数を予測する方法をいいます。

具体的な計算式は，以下のようになります。

変動費率＝（最大点原価発生額－最小点原価発生額）÷（最大点営業量－最小点営業量）

固定費＝最大点（最小点）原価発生額－変動費率×最大点（最小点）営業量

練習問題 12－1 次の文章中の（　）内に適当な語を入れ，文章を完成しなさい。

⑴（ ① ）による原価分類とは，営業量の増減に対していかに原価発生額が変化するかにもとづいて行う原価の分類である。営業量の増減に応じて，総額において比例的に増減する原価を（ ② ），営業量が増減しても，総額において一定期間変化せずに発生する原価を（ ③ ），（ ② ）部分と（ ③ ）部分の両方からなる原価を（ ④ ），ある一定の操業区間では（ ③ ），その区間を超えると急激に増加し，再び一定の操業区間中は（ ③ ）の状態を保つ原価を（ ⑤ ）という。

⑵ 過去の経験にもとづき，元帳を精査して，費目ごとに（ ② ）か（ ③ ）を分類する方法を（ ⑥ ）という。

⑶（ ④ ）は，（ ⑥ ）の方法であると，恣意的に（ ② ）か（ ③ ）に分類されてしまい，信頼性の低い原価予測となる。それゆえ，（ ④ ）の（ ② ）と（ ③ ）への分類には，（ ⑦ ）などを用いる。

⑷（ ⑦ ）は，過去の実績データから（ ⑧ ）のときのデータと（ ⑨ ）のときのデータを代表値として選び，その２つの値を結んだ直線をグラフ上に引くことにより，その傾きと縦軸との交点から原価を予測する方法である。

①		②		③	
④		⑤		⑥	
⑦		⑧		⑨	

練習問題 12−2 新潟製作所の7月の原価記録は，次の資料のとおりであった。費目別精査法を用いて，(1)各費目を原価態様の観点から分類し，(2)固定費と分類されたものについては固定費期間総額を，(3)変動費と分類されたものについては変動費率を算出しなさい。なお，7月の営業量は，2,500直接作業時間であった。なお，(1)で準変動費または準固定費と分類されたものについては，(2)，(3)は空欄のままでよい。

［資　料］

費用項目	原価発生額
直接工賃金	2,500,000円
機械減価償却費	500,000円
電力料	100,000円
建物減価償却費	750,000円
機械修繕費	63,000円
合計	3,913,000円

	(1) 原価態様による分類	(2) 固定費（月額）	(3) 変動費率
直接工賃金			
機械減価償却費			
電力料			
建物減価償却費			
機械修繕費			

練習問題 12−3 補助材料費について，次のように過去半年間の実際発生額のデータを入手した。高低点法を用いて，(1)変動費率，(2)固定費（月額），(3)次月の直接作業時間が2,100時間の場合の補助材料費発生見積額を計算しなさい。なお，正常操業圏は，月間の直接作業時間2,000時間を基準操業度として70%から120%である。

［資　料］

	補助材料費発生額	直接作業時間
1月	700,000円	1,300直接作業時間
2月	750,000	1,500
3月	870,000	1,900
4月	1,100,000	2,500
5月	1,020,000	2,400
6月	950,000	2,200
合計	5,390,000円	11,800直接作業時間

(1)		円/時間
(2)		円
(3)		円

第13章 直接原価計算

学習のポイント

1　直接原価計算とは，原価（製造原価，販売費及び一般管理費）を変動費と固定費とに分解し，売上高からまず変動費を差し引いて貢献利益を計算し，貢献利益から固定費を差し引いて営業利益を計算する損益計算の方法をいいます。

売上高－変動費＝貢献利益

貢献利益－固定費＝営業利益

2　直接原価計算の目的としては，期間損益計算の改善，CVP分析に必要な情報を正式な会計記録から得られるようにすることなどがあげられます。

3　全部原価計算の損益計算書と直接原価計算の損益計算書の基本構造は，それぞれ以下のようになります。

全部原価計算による損益計算書		直接原価計算による損益計算書	
売上高	×××	売上高	×××
売上原価	×××	変動費	×××
売上総利益	×××	貢献利益	×××
販売費及び一般管理費	×××	固定費	×××
営業利益	×××	営業利益	×××

4　制度として直接原価計算を採用する場合には，会計年度末に直接原価計算による営業利益を全部原価計算による営業利益に修正する必要があります。これを固定費調整といいます。具体的には以下のような式で調整がなされます。

全部原価計算による営業利益＝(直接原価計算による営業利益)

＋(期末棚卸資産に含まれる固定製造間接費)

－(期首棚卸資産に含まれる固定製造間接費)

練習問題 13−1 当社は，製品Ｋを製造・販売している。以下の資料にもとづき，第１期・第２期の直接原価計算による損益計算書と全部原価計算による損益計算書を作成しなさい。

［資　料］

(1) 第１期・第２期の生産・販売量に関するデータ

第１期：当期生産量2,000個，当期販売量2,000個，期首・期末とも製品・仕掛品の在庫はなかった。

第２期：当期生産量2,200個，当期販売量2,000個，期首の製品・仕掛品在庫，期末の仕掛品在庫はなかった。

(2) 生産・販売に関する原価データ

① 販売単価　2,000円

② 製品Ｋ１個当たり変動費

直接材料費	350円
直接労務費	250円
変動製造間接費	220円
変動販売費	120円

③ 固定費（期間総額）

固定製造間接費	1,100,000円
固定販売費及び一般管理費	594,000円

④ 製造間接費は実際配賦する。

直接原価計算による損益計算書　（単位：円）

	第１期	第２期
売上高	(　　　)	(　　　)
変動売上原価	(　　　)	(　　　)
変動製造マージン	(　　　)	(　　　)
変動販売費	(　　　)	(　　　)
貢献利益	(　　　)	(　　　)
固定費：		
製造固定費	(　　　)	(　　　)
固定販売費及び一般管理費	(　　　)	(　　　)
営業利益	(　　　)	(　　　)

全部原価計算による損益計算書　（単位：円）

	第１期	第２期
売上高	(　　　)	(　　　)
売上原価	(　　　)	(　　　)
売上総利益	(　　　)	(　　　)
販売費及び一般管理費	(　　　)	(　　　)
営業利益	(　　　)	(　　　)

練習問題 13－2 練習問題13－１の会社の第２期の直接原価計算による営業利益に固定費調整を行って全部原価計算の営業利益に修正しなさい。

直接原価計算による営業利益（　　　　　）円
　＋期末棚卸資産に含まれる固定製造間接費（　　　　　）円
　－期首棚卸資産に含まれる固定製造間接費（　　　　　）円
＝全部原価計算による営業利益（　　　　　）円

練習問題 13－3 当社では，製品Ｔを製造，販売している。当期においては価格300円にて30,000個を販売した。下記の資料にもとづいて⑴直接原価計算による当期の損益計算書を作成し，⑵固定費調整表を作成しなさい。

［資　料］

① 製品Ｔの製造原価，販売費及び一般管理費に関するデータ

変動費：直接材料費60円/個　直接労務費20円/個　製造間接費40円/個　販売費10円/個

固定費：当月製造量における製品１単位あたりの製造間接費は50円であった。

販売費及び一般管理費2,000,000円

なお，直接材料費と直接労務費はすべて変動費であり，製造間接費と販売費及び一般管理費については変動費と固定費がある。なお，製品Ｔの１個当たりの原価は前期・当期とも同じであった。

② 当期の生産・販売実績

期首仕掛品	2,000個	（50％）	期首製品	1,000個
当期投入	35,000個		当期完成品	33,000個
合　計	37,000個		合　計	34,000個
期末仕掛品	4,000個	（50％）	期末製品	4,000個
当期完成品	33,000個		当期販売品	30,000個

（注）（　）内は加工進捗度を示している。また，当期において仕損等は発生していない。

⑴

直接原価計算による損益計算書　（単位：円）

売上高	（　　　　）
変動売上原価	（　　　　）
変動製造マージン	（　　　　）
変動販売費	（　　　　）
貢献利益	（　　　　）
製造固定費	（　　　　）
固定販売費及び一般管理費	（　　　　）
営業利益	（　　　　）

(2)

固定費調整表　　（単位：円）

直接原価計算による営業利益	（　　　）
期末仕掛品に含まれる固定製造原価	（　　　）
期末製品に含まれる固定製造原価	（　　　）
小　　計	（　　　）
期首仕掛品に含まれる固定製造原価	（　　　）
期首製品に含まれる固定製造原価	（　　　）
全部原価計算による営業利益	（　　　）

練習問題 13－4　M製作所は，製品Rを製造・販売している。下記の資料にもとづき，以下の解答欄の全部原価計算による損益計算書と直接原価計算による損益計算書を完成しなさい。なお，同製作所では，加工費を予定配賦し，すべての配賦差異を当期の売上原価に賦課している。

［資　料］

1．販売単価　2,700円

2．加工費の予定配賦率

　変動費　500円/個　固定費　800円/個

3．製造原価実際発生額

製品1個当たり原料費	300円
製品1個当たり変動加工費	500円
固定加工費（期間総額）	720,000円

4．販売費及び一般管理費実際発生額

製品1個当たりの変動販売費	350円
固定販売費（期間総額）	136,000円
固定一般管理費（期間総額）	300,000円

5．実際生産量・販売量

期首製品在庫量	0個
当期生産量	800個
当期販売量	800個
期末製品在庫量	0個

（注）期首・期末に仕掛品は存在しない。

全部原価計算による損益計算書　（単位：円）

売上高	（　　　）
売上原価	（　　　）
配賦差異	（　　　）
売上総利益	（　　　）
販売費及び一般管理費	（　　　）
営業利益	（　　　）

直接原価計算による損益計算書	(単位：円)
売上高	(　　　)
変動売上原価	(　　　)
変動製造マージン	(　　　)
変動販売費	(　　　)
貢献利益	(　　　)
固定費	(　　　)
営業利益	(　　　)

練習問題 13−5 X社は，当期に製品Mを10,000個製造し，1個600円の価格でそのすべてを販売した。そして，全部原価計算により，下記の損益計算書を作成した。次期の利益計画のため，製品Mを原価分析した結果，製品1個について，変動費は直接材料費40円，直接労務費20円，製造間接費は30円，販売費は10円であることが判明した。なお，直接材料費と直接労務費はすべて変動費である。また，期首・期末とも仕掛品および製品の在庫はなかった。

損　益　計　算　書	(単位：円)
売上高	6,000,000
売上原価	3,000,000
売上総利益	3,000,000
販売費及び一般管理費	1,000,000
営業利益	2,000,000

問1　解答欄の直接原価計算による当期の損益計算書を完成しなさい。

問2　当期の損益分岐点の売上高を計算しなさい。

問3　当期の安全余裕率を計算しなさい。

問4　次期に，営業利益3,000,000円を獲得したい場合，必要な売上高を計算しなさい。なお，価格，固定費，製品1個当たり変動費ともその金額は当期と同一であると仮定する。

問1

損　益　計　算　書	(単位：円)
売上高	(　　　)
変動売上原価	(　　　)
変動製造マージン	(　　　)
変動販売費	(　　　)
貢献利益	(　　　)
製造固定費	(　　　)
固定販売費及び一般管理費	(　　　)
営業利益	(　　　)

問2		円
問3		%
問4		円

練習問題 13−6 K社の当年度の直接原価計算による損益計算書は下記の資料のとおりであった。平均変動費率および年間固定費が次年度も当年度と同様であると予測されているとき，下記の問いに答えなさい。

[資　料]

直接原価計算による損益計算書　（単位：万円）

売上高	4,000
変動売上原価	1,900
変動製造マージン	2,100
変動販売費	500
貢献利益	1,600
製造固定費	700
固定販売費及び一般管理費	500
営業利益	400

問1　損益分岐点の売上高はいくらになるか。

問2　売上高が当年度よりも10%増えるとすると，営業利益はいくらになるか。

問3　損益分岐点の売上高を100万円引き下げるためには固定費をいくら引き下げる必要があるか。

問4　売上高，固定費合計が当期のままで，変動費を400万円引き下げることができるとすると，損益分岐点の売上高はいくら減少するか。

問1		円
問2		円
問3		円
問4		円

第14章 製品の受払い

学習のポイント

1　見込生産の場合は，製品完成後，いったん製品倉庫へ格納するので，製品完成時に仕掛品勘定から製品勘定に振り替え，販売時に製品勘定から売上原価勘定に振り替えます。

<製品完成時>

（借）	製　　品	×××	（貸）仕　掛　品	×××

<製品販売時>

（借）	売　掛　金	×××	（貸）売　　上	×××
（借）	売上原価	×××	（貸）製　　品	×××

2　受注生産の場合は，完成品をそのまま顧客に引き渡すことが一般的なので，製品完成時に製品勘定を用いずに仕掛品勘定からそのまま売上原価勘定に振り替えます。

<製品完成時>

（借）	売上原価	×××	（貸）仕　掛　品	×××

<製品販売時>

すでに，売上原価勘定へ振り替えているので，以下の仕訳のみになります。

（借）	売　掛　金	×××	（貸）売　　上	×××

3　売上戻り・値引きの際は，販売時の処理の反対仕訳を行います。

（借）	売　　上	×××	（貸）売　掛　金	×××
（借）	製　　品	×××	（貸）売上原価	×××

練習問題 14−1 当社では，受注生産を行っており，製品原価の計算には実際個別原価計算を採用している。下記の資料にもとづき，問いに答えなさい。

問1 下記の資料(2)〜(6)の取引について仕訳しなさい。ただし，勘定科目は，次の中から最も適当と思われるものを選ぶこと。

材　料	当座預金	未払金	売上原価	製造間接費
買掛金	仕掛品	現　金	賃金・給料	製　品

問2 月末仕掛品原価を計算しなさい。

[資　料]

(1) 月初仕掛品原価は，製造指図書＃１については150,000円，製造指図書＃２については80,000円である。

(2) 当月購入した原料Ｙは3,000kgであり，その代金600,000円は掛けで購入した。なお，購入に関わる当社負担の運送費および保険料の合計金額15,000円を現金で支払った。

(3) 当月払い出した原料Ｙは2,950kgであり，うち，製造指図書＃１の消費は1,000kg，製造指図書＃２の消費は650kg，製造指図書＃３の消費は1,300kgであった。原材料費の計算には総平均法にもとづく実際払出価格を用いている。ただし，原料の月初在庫は300kg（１kg当たり150円），月末在庫は350kgであった。

(4) 直接工賃金の計算には，直接作業時間当たり800円の予定消費賃率を用いている。製造指図書＃１の実際直接作業時間は1,000時間，製造指図書＃２の実際直接作業時間は500時間，製造指図書＃３の実際直接作業時間は700時間，すべての製造指図書に共通の実際間接作業時間は1,000時間であった。

(5) 製造間接費の計算には，機械運転時間当たり1,100円の予定配賦率を用いている。製造指図書＃１の実際機械運転時間は1,000時間，製造指図書＃２の実際機械運転時間は800時間，製造指図書＃３の実際機械運転時間は800時間であった。

(6) 製造指図書＃１と製造指図書＃２が完成した。ただし，当月の製造費用（直接材料費，直接労務費および製造間接費配賦額）は，上記の(3)〜(5)のみである。

問1

	借方科目	金額	貸方科目	金額
(2)				
(3)				
(4)				
(5)				
(6)				

問2

月末仕掛品原価		円

練習問題 14-2 当社は見込生産を行っている。次の取引の仕訳を示しなさい。ただし，勘定科目は次の中から最も適当と思われるものを選ぶこと。

売　上　　仕掛品　　製　品　　売掛金　　現　金　　売上原価

(1) 当月完成し，製品倉庫に入庫した完成品の製造原価合計は500,000円であった。

(2) 当月の製品売上高は，現金売上250,000円，掛売上250,000円である。販売した製品の製造原価合計は425,000円であった。

	借方科目	金額	貸方科目	金額
(1)				
(2)				

練習問題 14-3 次の各問いに答えなさい。

(1) X社は見込生産を行っている。当月完成した製品は，完成報告書とともに製造現場から製品倉庫係に引き渡された。それら完成品の製造原価合計は625,000円であった。当月の製品売上高は500,000円であり，販売した製品の製造原価は375,000円であった。(　) の中に適切な金額を入れなさい。

総勘定元帳　(単位：円)

仕掛品

	(　　)

製品

(　　)	(　　)

売上原価

(　　)	

売上

	(　　)

(2) Y社は受注生産を行っている。当月完成し直ちに販売した製品の製造原価は272,000円であった。(　) の中に適切な金額を入れなさい。

総勘定元帳　(単位：円)

仕掛品

	(　　)

売上原価

(　　)	

第15章 営業費計算

学習のポイント

1　営業費とは，一般的には，販売費及び一般管理費のことをいいます。製品の製造にかかった製造原価は製品に集計されて製品原価となり，製品が販売されたときに売上原価となるのに対し，販売費及び一般管理費はその期間に発生した金額がその期間の費用として処理されます。それゆえ，販売費及び一般管理費の勘定に集計された期間発生額は，損益勘定に振り替えられます。

（借）損　　　益　×××　（貸）販売費及び一般管理費　×××

販売費及び一般管理費			損　益	
	×××	→	×××	

2　営業費については，原価計算基準において，形態別分類，機能別分類，直接費と間接費，固定費と変動費，管理可能費と管理不能費という分類が示されています。

3　販売費は，注文獲得費と注文履行費に分類される場合があります。

練習問題 15−1 以下の資料にもとづき，問いに答えなさい。

(1) 当月製品製造原価を計算しなさい。

(2) 売上原価を計算しなさい。

(3) 売上総利益を計算しなさい。

(4) 販売費及び一般管理費を計算しなさい。

(5) 営業利益を計算しなさい。

［資　料］

材　　料

月初有高	100,000	当月消費高	?
当月仕入高	1,500,000	月末有高	80,000
	1,600,000		1,600,000

賃　　金

当月支払高	1,050,000	月初未払高	200,000
月末未払高	250,000	当月消費高	?
	1,300,000		1,300,000

製造間接費

間接材料費	320,000	正常配賦額	?
間接労務費	350,000	配賦差異	30,000
間接経費	450,000		
	1,120,000		1,120,000

仕　掛　品

月初有高	450,000	当月完成高	?
直接材料費	?	月末有高	480,000
直接労務費	?		
製造間接費	?		
	?		?

製　　品

月初有高	350,000	売上原価	?
当月完成高	?	月末有高	280,000
	?		?

売　　上

			7,200,000

販　売　費

	580,000		

一般管理費	
620,000	

(1)	円	(2)	円
(3)	円	(4)	円
(5)	円		

練習問題 15－2 以下の資料にもとづき，(1)～(4)に答えなさい。

(1) 販売費を計算しなさい。

(2) 一般管理費を計算しなさい。

(3) 営業利益を計算しなさい。

(4) 資料の中から，注文獲得費，注文履行費に当たるものをそれぞれ1つずつ選びなさい。

［資　料］

売上総利益	1,500,000円	梱包費	35,000円
本社事務員給料	250,000円	本社企画部費	55,000円
広告宣伝費	150,000円	本社役員給料	500,000円

(1)	円	(2)	円
(3)	円		
(4)	注文獲得費		
	注文履行費		

第16章
工場会計の独立

学習のポイント

本社会計から工場会計を分離独立させることを工場会計の独立といいます。本章では，工場会計の独立について学びます。

1　工場会計を独立させるためには，本社の総勘定元帳の中から，工場の活動に関するものを抜き出し，それをまとめて工場元帳に移します。工場専用の仕訳帳と工場元帳を設けて，工場で発生する取引の記録・計算を行います。

2　本社の総勘定元帳には，本社の活動に関するものが残ります。本社専用の仕訳帳と総勘定元帳（一般元帳，本社元帳ともよばれます）に，本社で発生する取引の記録・計算を行います。

3　本社元帳には工場勘定を，工場元帳には本社勘定をそれぞれ設け，工場と本社の両方に関係する取引について記帳します。

4　工場勘定と本社勘定の勘定残高は一致します。一致しない場合には未達取引があるため，本社では未達事項の整理を行います。

5　合併財務諸表を作成する場合，内部利益は除去します。

練習問題 16−1 当社は本社と工場が離れているため，本社会計から工場会計を独立させている。材料購入に要する支払い，従業員に対する給与の支払い，材料の購入と製品の販売は本社が行っている。工場敷地内には材料倉庫がある。工場で製造された製品はすべて本社に納入されるが，工場にも製品倉庫があり，完成した製品は一度ここに保管される。なお，工場から本社への製品の振替えには，製造原価の10%の利益を加算している。製造間接費は予定配賦している。

問1　9月中の取引について，工場で行われる仕訳をしなさい。ただし，勘定科目は次のものに限る。

材　料	設備減価償却累計額	現　金	内部売上原価	仕 掛 品
製　品	製造間接費	本　社	内部売上	賃金・給料

〔9月中の取引〕

(1) 本社が掛けで購入した材料1,000,000円を工場倉庫に受け入れた。
(2) 工場従業員に賃金900,000円，賞与手当100,000円を支給した。
(3) 工場の設備減価償却費として150,000円を計上した。
(4) 工場で素材1,200,000円，工場消耗品100,000円を消費した。
(5) 工場で労働力1,000,000円を消費した。内訳は直接費800,000円，間接費200,000円であった。
(6) 製造間接費900,000円を予定配賦した。
(7) 当月の完成品は2,300,000円であった。完成品の単位原価は等しい。
(8) 工場は，本社からの指示により，当月完成品のうち9割を本社に納入した。なお，当社では工場における製品勘定の残高は，常に工場の製品倉庫の有高と一致させている。

問2　当月工場が本社に納入した製品のうち，10%が当月末に在庫として残った，その分に含まれる内部利益はいくらか。

問1

	借方科目	金額	貸方科目	金額
(1)				
(2)				
(3)				
(4)				
(5)				
(6)				
(7)				
(8)				

問2 ＿＿＿＿ 円

練習問題 16−2 当社は工場会計を独立させている。材料倉庫は工場にある。材料の購入や従業員に対する給与の支払いなどは本社で行っている。10月中に行われた次の取引について工場で行われる仕訳を示しなさい。ただし，工場元帳には次の勘定が設定されている。仕訳がない場合には「仕訳なし」と記入すること。

材　　料　　賃金・給料　　設備減価償却累計額
仕 掛 品　　製造間接費　　本　　社

〔10月中の取引〕

(1) 掛けで購入した素材1,000kg（購入代価5,000円/kg，引取運賃20,000円）を倉庫に受け入れた。
(2) 上記素材1,000kg のうち900kg は製品製造に使用し，残り100kg は修繕のために消費した。
(3) 直接工の総就業時間は2,200時間であり，その内訳は直接作業時間2,000時間，間接作業時間100時間，手待時間100時間であった。工場の予定賃率は1,000円/時間である。
(4) 間接工について，前月未払額500,000円，当月支払額1,600,000円，当月未払額400,000円であった。
(5) 工場設備の減価償却費500,000円を計上した。
(6) 本社が工場の電力料・ガス代・水道料400,000円を支払ったが工場に未達だった。
(7) 工場から本社へ製品800,000円を送付したが，本社に未達だった。

	借 方 科 目	金　額	貸 方 科 目	金　額
(1)				
(2)				
(3)				
(4)				
(5)				
(6)				
(7)				

16 工場会計の独立

第17章 総合模擬問題(1)

練習問題 17−1 (12点)

下記の取引について仕訳しなさい（金額単位は円である）。ただし，勘定科目は，設問ごとに最も適当と思われるものを選び，答案用紙の（　）の中に**記号で解答すること**。

① A社では本社会計から工場会計を独立させている。材料の倉庫は工場に置き，材料購入の支払いは本社が行っている。素材1,900kg（購入価額600円/kg）および工場で使用する補修用材料400kg（購入価額200円/kg）を掛けで購入し，倉庫に搬入した。工場での仕訳を示しなさい。

ア　材料　　イ　工場　　ウ　本社　　エ　仕掛品　　オ　買掛金　　カ　製造間接費

② B工場で原料の消費価格差異を計上する。原料費の予定消費価格は2,400円/kg，実際消費高は1,900kgであった。月初の原料有高は150kg（1kg当たり2,560円），当月仕入高は1,800kg（1kg当たり2,430円）であった。原料費は総平均法で計算している。

ア　材料　　イ　原価差異　　ウ　買掛金　　エ　仕掛品　　オ　材料副費

カ　製造間接費

③ C工場の当月の製造間接費実際発生額は298,500円であったので，予定配賦額との差額を予算差異勘定と操業度差異勘定に振り替える。なお，製造間接費の配賦基準は直接作業時間であり，予定配賦率を適用している。年間の製造間接費予算（変動予算）は3,570,000円（うち変動費1,470,000円，固定費2,100,000円），年間の予定直接作業時間は8,400時間である。当月の実際直接作業時間は660時間であった。

ア　賃金・給料　　イ　製品　　ウ　予算差異　　エ　仕掛品　　オ　操業度差異

カ　製造間接費

	借方		貸方	
	記号	金額	記号	金額
①	(　　) (　　)		(　　) (　　)	
②	(　　) (　　)		(　　) (　　)	
③	(　　) (　　)		(　　) (　　)	

練習問題 17−2 (16点)

B製作所では，直接作業時間を基準とした製造部門別の予定配賦率を用いて製造間接費を正常配賦している。下記の資料にもとづいて，答案用紙の当月補助部門費配賦表を完成させ，第1製造部門の予定配賦率と予算差異の金額を求めなさい。なお，予算差異については（ ）内の「有利」または「不利」を○で囲むこと。

[資　料]

1．製造部門別の製造間接費予算（年間）

	第1製造部門	第2製造部門
予算額（補助部門費配賦後）	60,000,000円	32,400,000円
予定直接作業時間	60,000時間	36,000時間

2．当月の実際補助部門費の配賦のためのデータ

	配賦基準	合　計	第1製造部門	第2製造部門	動力部門	修繕部門
動力部門費	動力消費量	1,600kw-h	800kw-h	640kw-h	160kw-h	−
修繕部門費	修繕回数	60回	36回	18回	6回	−

3．当月の実際直接作業時間

第1製造部門：4,980時間，第2製造部門：3,050時間

4．その他の計算条件

補助部門費の配賦は直接配賦法による。

配賦計算に際しては，比率に直さず，分数の形で計算すること。

補助部門費配賦表　(単位：円)

費　目	製造部門		補助部門	
	第1製造部門	第2製造部門	動力部門	修繕部門
部門費	4,025,000	2,180,000	1,170,000	600,000
動力部門費				
修繕部門費				
製造部門費				

第1製造部門の予定配賦率＝□円/時間

第1製造部門の予算差異　＝□円（有利・不利）

練習問題 17−3　(12点)

H製作所は，製品Tを製造・販売している。下記の資料にもとづいて，答案用紙に示されている全部原価計算による損益計算書と直接原価計算による損益計算書を完成しなさい。ただし，同製作所では，加工費を生産量にもとづいて予定配賦し，すべての配賦差異を当期の売上原価に賦課している。

[資　料]

1．予定生産量（1,500個）における加工費予算

	変動費	固定費
加工費	1,050,000円	1,650,000円

2．実際製造原価

	変動費	固定費
原料費	550円/個	—
加工費	700円/個	1,650,000円

3．実際販売費及び一般管理費

	変動費	固定費
販売費	300円/個	125,000円
一般管理費	—	400,000円

4．実際生産量・販売量

当期製品生産量　1,200個

当期製品販売量　1,200個

(注)　期首・期末に製品と仕掛品は存在しない。

5．実際販売価格　　3,500円/個

全部原価計算による損益計算書

(単位：円)

売上高	(　　　　)
売上原価	(　　　　)
配賦差異	(　　　　)
売上総利益	(　　　　)
販売費	(　　　　)
一般管理費	(　　　　)
営業利益	(　　　　)

直接原価計算による損益計算書

	(単位：円)
売上高	(　　　　)
変動売上原価	(　　　　)
変動製造マージン	(　　　　)
変動販売費	(　　　　)
貢献利益	(　　　　)
固定費	(　　　　)
営業利益	(　　　　)

第18章 総合模擬問題(2)

練習問題 18−1 (12点)

下記の取引について仕訳しなさい（金額単位は円である）。ただし，勘定科目は，設問ごとに最も適当と思われるものを選び，答案用紙の（　）の中に**記号で解答すること**。

① A社では素材5,600kgを消費した。なお，月初の素材有高は800kg（1kg当たり900円），当月仕入高は6,000kg（1kg当たり950円）であった。材料費は先入先出法で計算している。

ア　材料　　イ　現金　　ウ　材料副費　　エ　仕掛品　　オ　買掛金　　カ　製造間接費

② B社では標準原価計算制度を採用し，勘定記入の方法はシングルプランによる。直接労務費の原価標準は，標準賃率1,400円/時間，製品1個当たりの標準直接作業時間2時間として計算している。当月の生産実績は，完成品900個のみであった。標準直接労務費を仕掛品勘定に振り替える。

ア　賃金・給料　　イ　原価差異　　ウ　現金　　エ　仕掛品　　オ　製品
カ　製造間接費

③ 製造指図書#225（当月製造原価合計920,000円）と製造指図書#226（当月製造原価合計725,000円）が完成した。なお，製造指図書#225には前月から製造原価120,000円が繰り越されている。

ア　材料　　イ　製品　　ウ　原価差異　　エ　仕掛品　　オ　賃金・給料
カ　製造間接費

	借方		貸方	
	記号	金額	記号	金額
①	(　　) (　　)		(　　) (　　)	
②	(　　) (　　)		(　　) (　　)	
③	(　　) (　　)		(　　) (　　)	

練習問題 18－2　(16点)

当社は製品Xを生産・販売し，実際総合原価計算を採用している。下記の資料にもとづいて，総合原価計算表を完成させなさい。なお，原価投入額を完成品総合原価と月末仕掛品に配分する方法として平均法を用いること。

[資　料]

月初仕掛品	3,000kg	(50%)
当月投入量	7,000	
合　計	10,000kg	
差引：正常減損	1,000	
月末仕掛品	2,000	(50%)
完 成 品	7,000kg	

＊ 原料はすべて工程の始点で投入し，(　) 内は加工費の進捗度である。正常減損は工程の終点で発生し，正常減損費はすべて完成品に負担させる。

総合原価計算表　　(単位：円)

	原　料　費	加　工　費	合　計
月初仕掛品原価	300,000	400,000	700,000
当月製造費用	750,000	2,300,000	3,050,000
合　計	(　　)	(　　)	(　　)
差引：月末仕掛品原価	(　　)	(　　)	(　　)
完成品総合原価	(　　)	(　　)	(　　)

18 総合模擬問題(2)

練習問題 18-3 (12点)

当年度の直接原価計算による損益計算書は下記のとおりであった。平均変動費率および年間固定費が次年度も当年度と同様であると予想されているとき，下記の問いに答えなさい。

直接原価計算による損益計算書 (単位：万円)

売上高	2,500
変動売上原価	1,400
変動製造マージン	1,100
変動販売費	100
貢献利益	1,000
製造固定費	500
固定販売費及び一般管理費	400
営業利益	100

問1 損益分岐点の売上高はいくらになるか。

問2 売上高が2,550万円になったとすると，営業利益はいくらになるか。

問3 固定費を100万円削減すると，損益分岐点の売上高はいくら減少するか。

問4 売上高が2,500万円，固定費合計が900万円のままで，変動費を250万円削減できるとすると損益分岐点の売上高はいくら減少するか。

問1		万円
問2		万円
問3		万円
問4		万円

第19章 総合模擬問題(3)

練習問題 19−1 (12点)

下記の取引について仕訳しなさい（金額単位は円である）。ただし，勘定科目は，設問ごとに最も適当と思われるものを選び，答案用紙の（　）の中に**記号で解答すること。**

① A社では標準原価計算制度を採用し，勘定記入の方法はシングルプランによる。直接材料費の原価標準は，標準単価200円/kg，製品1個当たりの標準消費量5kgとして計算している。当月の生産実績は，完成品2,600個のみであった。標準直接材料費を仕掛品勘定に振り替える。

ア 材料　イ 原価差異　ウ 買掛金　エ 仕掛品　オ 製品　カ 製造間接費

② B社では直接工の賃率差異を計上する。直接工の予定賃率は1,400円/時間，実際就業時間は550時間であった。直接工賃金の前月未払高は242,500円，当月支払高は770,000円，当月未払高は255,000円であった。

ア 賃金・給料　イ 原価差異　ウ 現金　エ 仕掛品　オ 製品
カ 製造間接費

③ C社では本社会計から工場会計を独立させている。工場会計にある勘定科目は材料，賃金・給料，製造間接費，仕掛品，本社である。製品2,050,000円が完成した。工場はこれをただちに得意先のB産業へ3,200,000円で発送し，その旨を本社に連絡した。工場での仕訳を示しなさい。

ア 売上　イ 工場　ウ 本社　エ 仕掛品　オ 製品　カ 製造間接費

	借方		貸方	
	記号	金額	記号	金額
①	(　) (　)		(　) (　)	
②	(　) (　)		(　) (　)	
③	(　) (　)		(　) (　)	

練習問題 19-2 (16点)

A社は原価計算方式としてパーシャル・プランの標準原価計算を採用している。下記の資料にもとづいて，答案用紙の仕掛品勘定を完成しなさい。

[資　料]

1．製品1個当たりの標準原価

直接材料費	1,000円/kg	×0.4kg	400円
加　工　費	600円/時間	×0.5時間	300円
			700円

2．当月の生産実績

月初仕掛品	200個	(50%)
当月着手	3,900	
合　計	4,100個	
月末仕掛品	250	(40%)
完成品	3,850個	

＊ 材料はすべて工程の始点で投入している。

3．当月の原価実績

直接材料費　1,579,000円

加　工　費　1,172,000円

仕　掛　品　(単位：円)

月初有高	(　　　)	完成高	(　　　)
直接材料費	(　　　)	月末有高	(　　　)
加工費	(　　　)	直接材料費差異	(　　　)
		加工費差異	(　　　)
	(　　　)		(　　　)

練習問題 19−3 (12点)

スーパーマーケットを展開している当社では，現在，X支店の利益計画を作成している。2月の利益計画は［資料］のとおりであった。下記の問いに答えなさい。

［資　料］

	(単位：円)
売上高	24,000,000
変動費	13,200,000
貢献利益	10,800,000
固定費	9,000,000
営業利益	1,800,000

問1　当社の売上高貢献利益率を計算しなさい。

問2　当社の損益分岐点売上高を計算しなさい。

問3　当社が目標営業利益率9％を達成するために必要な売上高を計算しなさい。

問4　当社では，同じ地域で当社より低価格帯のスーパーマーケットを展開するA社との比較を行った。A社の損益計算書は次のとおりである。その下の文章にある空欄①および②に入る数値を計算しなさい。

	(単位：円)
売上高	24,000,000
変動費	15,000,000
貢献利益	9,000,000
固定費	7,200,000
営業利益	1,800,000

当社もA社も売上高，営業利益は同じであるが，売上高の変化に対して営業利益がどれくらい変化するのかが異なる。仮に，売上高が両社とも10％低下したとすると，当社の営業利益は1,080,000円下がるのに対して，A社の営業利益は（　①　）円しか下がらない。こうした変化の指標となるのが経営レバレッジ係数であり，現在の当社の経営レバレッジ係数は6であるのに対して，A社は（　②　）である。当社の経営レバレッジ係数が大きいということは，それだけ売上高の変化に対して，営業利益が大きく変化するということである。

問1		%
問2		円
問3		円
問4 ①		円
②		

解　答　編

■以下の「解答編」は，取りはずしてご利用いただくことが可能です。取りはずす場合には，この色紙は残したまま，「解答編」をゆっくり引き離してください。

検定簿記ワークブック
2級/工業簿記
〔解答編〕

目　次

中央経済社

第1章 工業簿記とは何か

練習問題 1－1

①，④，⑥，⑦

解説

①は製造原価（間接経費の厚生費），④は製造原価，⑥は一般管理費，⑦は製造原価（直接労務費）です。

原価とならないのは，②③⑤であり，②は原価の正常性要件を満たさないので，非原価です。③は工場の機械購入額はまだ消費されていないので非原価，固定資産です。⑤は土地は消費されないので，固定資産です。

第2章 工業簿記のしくみ

練習問題 2－1

（単位：千円）

材　料

前月繰越	（152）	消費高	（1,824）
仕入高	（1,820）	次月繰越	（148）
	（1,972）		（1,972）

賃金・給料

当月支払	（900）	前月繰越	（15）
次月繰越	（14）	消費高	（899）
	（914）		（914）

仕掛品

前月繰越	（50）	完成高	（3,870）
直接材料費	（1,670）	次月繰越	（40）
直接労務費	（540）		
直接経費	（900）		
製造間接費	750		
	（3,910）		（3,910）

製　品

前月繰越	（30）	売上原価	（3,871）
完成品原価	（3,870）	次月繰越	（29）
	（3,900）		（3,900）

売上原価

製品	（3,871）	原価差異	（22）
		月次損益	（3,849）
	（3,871）		（3,871）

解説

材料勘定，賃金・給料勘定の借方と貸方にはそれぞれ何を記入するのか，基本をしっかり理解してください。

材料勘定貸方の消費高は，仕掛品勘定（直接材料費）と製造間接費（間接材料費）勘定に振り替えます。賃金・給料勘定貸方の消費高も同様に，仕掛品勘定（直接労務費）と製造間接費（間接労務費）勘定に振り替えます。直接工の消費高のうち10分の1は間接労務費となることに注意してください。直接工が間接作業を行った時間に対する賃金・給料の消費分がこれに該当します。

本問では製造間接費勘定の記入は問われていませんが，製造間接費勘定は借方が実際発生額，貸方が予定配賦額となります。当社では製造間接費について予定配賦をしていますので，仕掛品勘定の製造間接費は，製造間接費勘定の貸方から振り替えた予定配賦額となります。これと製造間接費勘定借方の実際発生額との差が原価差異として売上原価勘定に振り替えられます。

外注加工賃は直接経費，工場建物の減価償却費と工場火災保険料が間接経費になります。

練習問題 2－2

(単位：千円)

材　料

借方		貸方	
前月繰越	800	消費高	(15,900)
仕入高	15,200	次月繰越	500
原価差異	(400)		
	(16,400)		(16,400)

賃金・給料

借方		貸方	
支払高	8,100	前月繰越	1,300
次月繰越	1,200	消費高	(8,500)
原価差異	(500)		
	(9,800)		(9,800)

経　費

借方		貸方	
支払高	9,500	消費高	(9,500)

製造間接費

借方		貸方	
間接材料費	900	予定配賦額	(8,500)
間接労務費	2,500		
間接経費	(5,000)		
原価差異	(100)		
	(8,500)		(8,500)

仕掛品

借方		貸方	
前月繰越	(60)	完成高	(34,010)
直接材料費	(15,000)	次月繰越	(50)
直接労務費	(6,000)		
直接経費	(4,500)		
製造間接費	(8,500)		
	(34,060)		(34,060)

製　品

借方		貸方	
前月繰越	90	売上原価	(34,000)
完成品原価	(34,010)	次月繰越	100
	(34,100)		(34,100)

解説

製造原価明細書から勘定記入を推定する問題です。

1　まず，仕掛品勘定を完成させます。仕掛品勘定の前月繰越は製造原価明細書から，月初仕掛品棚卸高，次月繰越は月末仕掛品棚卸高，完成高は当月製品製造原価です。

2　仕掛品勘定の直接材料費と製造間接費勘定の間接材料費を加算したものが材料勘定の消費高，材料勘定の貸借差額が原価差異です。賃金・給料勘定消費高も材料勘定消費高と同様に計算します。

3　経費消費額から直接経費を控除して製造間接費勘定の借方間接経費を求めます。製造間接費勘定の貸借差額が原価差異です。

4　製品勘定の借方完成品原価は製造原価明細書の当月製品製造原価です。貸借差額から製品勘定貸方の売上原価を求めます。

練習問題 2－3

(単位：円)

仕　掛　品

借方		貸方	
前月繰越	(800,000)	完成高	(7,480,000)
直接材料費	(4,050,000)	次月繰越	(700,000)
直接労務費	(1,500,000)		
製造間接費	(1,830,000)		
	(8,180,000)		(8,180,000)

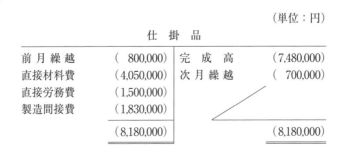

損 益 計 算 書		(単位：円)
Ⅰ 売上高		10,509,000
Ⅱ 売上原価		
月初製品棚卸高	(200,000)	
当月製品製造原価	(7,480,000)	
合 計	(7,680,000)	
月末製品棚卸高	(250,000)	
原価差異	9,000	(7,439,000)
売上総利益		3,070,000
(以下略)		

解説

勘定連絡図をイメージして，仕掛品勘定を完成させます。

1 仕掛品勘定の直接材料費では，材料勘定を思い浮かべてください。直接材料である素材と買入部品の当月消費高を求めます。材料勘定の借方は前月繰越800,000円と当月仕入高4,000,000円，材料勘定の貸方は次月繰越750,000円ですから，当月消費高は4,050,000円です。

2 仕掛品勘定の直接労務費では，賃金・給料勘定を思い浮かべてください。賃金・給料勘定の借方は，当月支払高1,600,000円と当月未払高200,000円，貸方は前月未払高300,000円ですから，当月消費高は1,500,000円です。

3 仕掛品勘定の製造間接費は，製造間接費予定配賦額となりますが，各自推定することになります。資料に原価差異は借方差異とありますので，製造間接費予定配賦額は製造間接費実際発生額より9,000円少ないことになります。

4 製造間接費の実際発生額は，間接材料費と間接労務費と間接経費から求めます。間接材料は工場消耗品と燃料です。

間接材料費	3,000円＋350,000円－4,000円	＝ 349,000円
間接労務費	500,000円＋30,000円－40,000円	＝ 490,000円
間 接 経 費	300,000円＋200,000円＋500,000円	＝ 1,000,000円
合 計		1,839,000円

5 よって仕掛品勘定の製造間接費は1,830,000円，仕掛品勘定の貸方は次月繰越が700,000円ですから，貸借差額の7,480,000円が当月完成高です。

6 当月完成高7,480,000円が製品勘定の借方に振り替えられます。製品勘定借方は前月繰越200,000円，当月完成高7,480,000円，貸方が次月繰越250,000円で貸借差額7,430,000円が製造間接費を予定配賦している場合の当月売上原価です。これを売上原価勘定に振り替えます。

7 売上原価勘定借方は製品勘定から振り替えられた7,430,000円と製造間接費勘定貸方から振り替えられた原価差異9,000円，したがって売上原価は7,439,000円となります。

損益計算書のⅡ売上原価は，上記６と７を表形式で示したものです。

第3章
材料費計算

練習問題 3－1

①	常備材料	②	引当材料	③	製品	④	直接材料費
⑤	間接材料費	⑥	主要材料費	⑦	買入部品費	⑧	補助材料費
⑨	購入代価	⑩	材料副費				

⑥と⑦は逆でもかまいません。

練習問題 3－2

①	材料購入請求書	②	注文書	③	送り状
④	材料受入報告書	⑤	材料仕入帳	⑥	材料元帳

練習問題 3－3

		借方科目	金額	貸方科目	金額
(1)	①	材料	2,000,000	買掛金	2,000,000
	②	材料	300,000	買掛金	300,000
	③	買掛金	80,000	材料	80,000
	④	材料	70,000	現金	70,000
(2)	①	素材	2,000,000	買掛金	2,000,000
	②	買入部品	300,000	買掛金	300,000
	③	買掛金	80,000	素材	80,000
	④	工場消耗品 燃料	20,000 50,000	現金	70,000

練習問題 3－4

	材料X	材料Y		材料X	材料Y
(1)	1,030 円	222 円	(2)	1,130 円	242 円

解説

(2) 材料Xの単位当たり取得原価は次のようになります。

単位当たり購入代価＝1,000円

単位当たり買入手数料$=\frac{1{,}000\text{円}}{100\text{個}}=10$円

単位当たり引取運賃$=\frac{7{,}000\text{円}}{100\text{個}+250\text{個}}=20$円

単位当たり内部材料副費$=\frac{250{,}000\text{円}+50{,}000\text{円}+300{,}000\text{円}}{6{,}000{,}000\text{円}}\times1{,}000\text{円/個}=100$円

合計　1,130円

練習問題 3－5

（単位：円）

材料仕入帳

日付		摘要	借方	貸方	
			材料	買掛金	諸口
6	3	（略）	86,000	80,000	6,000

材料元帳

品目名　素材A

日付		受入			払出			残高		
		数量	単価	金額	数量	単価	金額	数量	単価	金額
6	3	100	550	55,000				100	550	55,000

材料元帳

品目名　素材B

日付		受入			払出			残高		
		数量	単価	金額	数量	単価	金額	数量	単価	金額
6	3	20	1,550	31,000				20	1,550	31,000

解説

$$引取費用配賦率=\frac{6{,}000円}{100kg+20kg}=50円/kg$$

ですので，各素材とも単価に50円/kgを加えると，単位当たり取得原価となります。

練習問題 3－6

（単位：円）

材料仕入帳

日付		摘要	借方	貸方	
			材料	買掛金	諸口
6	6	（略）	28,750	26,000	2,750
	20	〃	3,600		3,600
	30	〃	25,000	25,000	
			57,350	51,000	6,350

	借方科目	金額	貸方科目	金額
合計仕訳	材料	57,350	買掛金	51,000
			諸口	6,350

出庫材料仕訳帳

日付		摘要	借方		貸方
			仕掛品	製造間接費	材料
6	4	（略）	10,000	3,000	13,000
	16	〃	29,500	2,650	32,150
	25	〃	13,000		13,000
			52,500	5,650	58,150

	借方科目	金額	貸方科目	金額
合計仕訳	仕掛品	52,500	材料	58,150
	製造間接費	5,650		

材料元帳

品目名　材料X

日付		受入			払出			残高		
		数量	単価	金額	数量	単価	金額	数量	単価	金額
6	1	繰越 150	100	15,000				150	100	15,000
		150	120	18,000				150	120	18,000
	4				100	100	10,000	50	100	5,000
								150	120	18,000
	6	200	130	26,000				50	100	5,000
								150	120	18,000
								200	130	26,000
	16				50	100	5,000			
					150	120	18,000			
					50	130	6,500	150	130	19,500
	25				100	130	13,000	50	130	6,500
	30	200	125	25,000				50	130	6,500
								200	125	25,000
					450		52,500			
					繰越 50	130	6,500			
					200	125	25,000			
		700		84,000	700		84,000			

材　料　元　帳

品目名　材料Y

日付		受入			払出			残高		
		数　量	単価	金　額	数　量	単価	金　額	数　量	単価	金　額
6	1	繰越80	50	4,000				80	50	4,000
	4				60	50	3,000	20	50	1,000
	6	50	55	2,750				｛20	50	1,000
								50	55	2,750
	16				｛20	50	1,000			
					30	55	1,650	20	55	1,100
	20	60	60	3,600				｛20	55	1,100
								60	60	3,600
					110		5,650			
					繰越｛20	55	1,100			
					60	60	3,600			
		190		10,350	190		10,350			

解説

先入先出法とは，先に受け入れた（仕入れた）ものから先に払い出す（消費する）という考え方にもとづく計算方法です。６月16日の材料Ｘ（250個）の出庫を例にとると，次のようになります。

出庫直前の残高				出　庫		
50個	100円/個	5,000円	……１番目に出庫	50個	100円/個	5,000円
150個	120円/個	18,000円	……２番目に出庫	150個	120円/個	18,000円
200個	130円/個	26,000円	……３番目に出庫	50個	130円/個	6,500円
400個		49,000円		250個		29,500円

出庫材料仕訳帳では，材料Ｘ，Ｙの各材料元帳にもとづいて，消費額を記帳します。その際，直接材料として出庫すると仕掛品勘定に記帳し，間接材料として出庫すると製造間接費勘定に記帳します。

練習問題 3－7

(移動平均法)　　　　材　料　元　帳　　　　(単位：円)

品目名　材料X

日付		受入 数量	受入 単価	受入 金額	払出 数量	払出 単価	払出 金額	残高 数量	残高 単価	残高 金額
6	1	繰越 300	110	33,000				300	110	33,000
	4				100	110	11,000	200	110	22,000
	6	200	130	26,000				400	120	48,000
	16				250	120	30,000	150	120	18,000
	25				100	120	12,000	50	120	6,000
	30	200	125	25,000				250	124	31,000
					450		53,000			
					繰越 250	124	31,000			
		700		84,000	700		84,000			

(総平均法)　　　　材　料　元　帳

品目名　材料X

日付		受入 数量	受入 単価	受入 金額	払出 数量	払出 単価	払出 金額	残高 数量	残高 単価	残高 金額
6	1	繰越 300	110	33,000				300		
	4				100			200		
	6	200	130	26,000				400		
	16				250			150		
	25				100			50		
	30	200	125	25,000				250		
					450	120	54,000			
					繰越 250	120	30,000			
		700		84,000	700		84,000			

解説

移動平均法とは，材料を購入するつど，その時点で（残高＋購入高）を（残量＋購入量）で除して平均単価を計算し，出庫のときは，そのとき計算されている平均単価を消費単価とする方法です。たとえば，6月6日の購入において，(22,000円＋26,000円)÷(200個＋200個)＝120円/個と平均単価が計算され，この単価が16日の出庫のときの消費単価となります。

総平均法とは，ある一定期間（1カ月，半年あるいは1年）をとって，その期間における，（繰越残高＋期中購入高）を（繰越残量＋期中購入量）で除して，1つの平均単価を計算し，これをその期間における消費単価とする方法です。

練習問題 3－8

		借方科目	金額	貸方科目	金額
(1)	①	仕掛品 製造間接費	60,000 15,000	消費材料	75,000
	②	消費材料 材料消費価格差異	77,500 2,500	材料 消費材料	77,500 2,500
(2)	①	仕掛品 製造間接費	60,000 15,000	材料	75,000
	②	材料消費価格差異	2,500	材料	2,500

解説

材料の払出単価として，予定価格を用いる場合，実際価格による消費額と予定価格による消費額との間に差異（材料消費価格差異）が生じることがあるので，予定価格を使用するときは差異の処理の必要があります。解答の仕訳を勘定連絡図で示すと，次のとおりとなります。なお，本問のように材料消費価格差異の借方に振り替えられる場合，借方差異といいます。

(1) 消費材料勘定を設ける場合

(2) 消費材料勘定を設けない場合

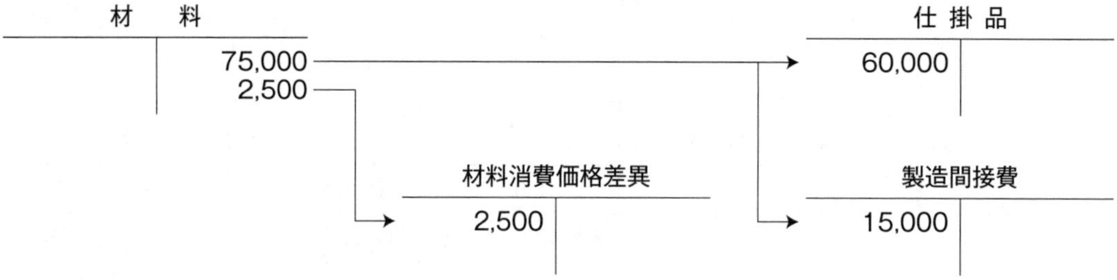

練習問題 3－9

月末帳簿残高 540,000 円

必要な仕訳

借方科目	金額	貸方科目	金額
製造間接費	30,000	材料	30,000

解説

材料の月末帳簿残高は月初有高＋月間仕入高－月間出庫高で計算され，本問の場合，棚卸差額が生じています。そこで，棚卸差額を材料勘定から減額し，製造間接費勘定に振り替えます。

第4章
労務費計算

練習問題 4－1

①	賃金	②	給料	③	従業員賞与・手当
④	賞与引当金繰入額	⑤	退職給付引当金繰入額	⑥	法定福利費
⑦	加給金	⑧	作業		

練習問題 4－2

給与支給帳　　(単位：円)

従業員氏名	基本賃金				加給金	支払賃金合計	諸手当		支給総額	社会保険料控除額	課税所得額	所得税額控除額	現金支給額
	就業時間		賃率	金額	残業手当		家族手当	通勤手当		健康保険料		所得税	
	定時	残業											
A	180	34	800	171,200	6,800	178,000	13,000	5,000	196,000	11,760	184,240	18,500	165,740
B	195	10	800	164,000	2,000	166,000	13,000	5,000	184,000	11,040	172,960	16,500	156,460
C	200	20	900	198,000	4,500	202,500	13,000	5,000	220,500	13,230	207,270	20,500	186,770
D	196	18	700	149,800	3,150	152,950	10,000	5,000	167,950	10,077	157,873	16,500	141,373
	771	82		683,000	16,450	699,450	49,000	20,000	768,450	46,107	722,343	72,000	650,343

借方科目	金額	貸方科目	金額
賃金・給料	699,450	社会保険料預り金	46,107
従業員諸手当	69,000	所得税預り金	72,000
		現金	650,343

解説

残業手当の計算は，たとえば工員Ａの場合，次のとおりです。

@800円×25％×34時間＝6,800円

練習問題 4－3

①	直接工	②	間接工	③	直接労務費	④	間接労務費
⑤	消費賃率	⑥	基本賃金	⑦	実働時間	⑧	手待時間
⑨	直接作業時間	⑩	間接作業時間	⑪	直接工間接賃金	⑫	手待賃金

⑦は作業時間でもかまいません。

練習問題 4－4

	借方科目	金額	貸方科目	金額
(1)	仕掛品 製造間接費	1,920,000 480,000	消費賃金	2,400,000
(2)	消費賃金 賃率差異	2,500,000 100,000	賃金 消費賃金	2,500,000 100,000

解説

直接作業時間に対する消費賃金（@600円×3,200時間＝1,920,000円）は直接労務費，間接作業時間に対する消費賃金（@600円×800時間＝480,000円）は間接労務費です。したがって，消費賃金のうち，1,920,000円は仕掛品勘定へ，そして480,000円は製造間接費勘定へ振り替えます。

消費賃率として，予定賃率を用いることがあります。その場合，実際賃率による消費額と予定賃率による消費額との間に差異（賃率差異）が生じうるので，予定賃率を使用するときには，差異の処理が必要となります。その処理方法を勘定連絡図によって示すと，次のとおりです。本問とは異なり，消費賃金勘定を設けない場合も示します。

(1) 消費賃金勘定を設ける場合

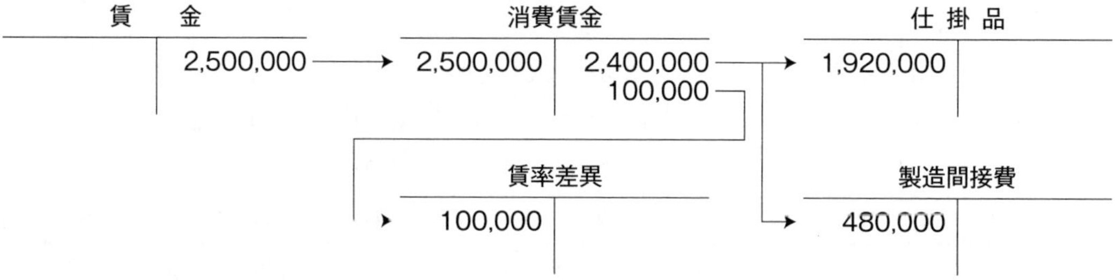

(2) 消費賃金勘定を設けない場合

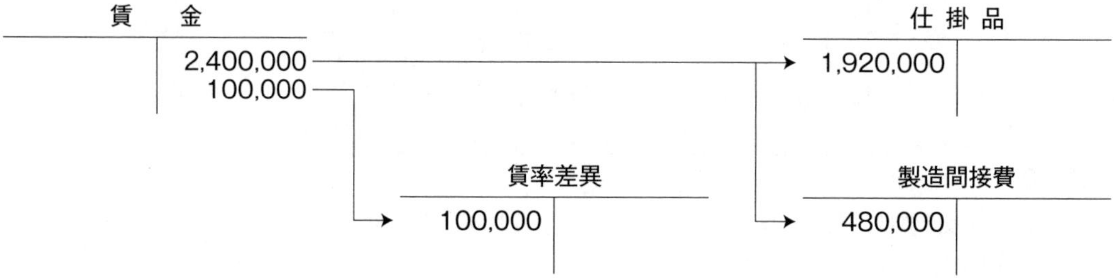

練習問題 4－5

		借方科目	金額	貸方科目	金額
(1)		未払賃金	960,000	賃金	960,000
(2)		賃金 従業員諸手当	3,200,000 350,000	現金 社会保険料預り金 所得税預り金	3,150,000 150,000 250,000
(3)		仕掛品 製造間接費	2,500,000 500,000	賃金	3,000,000
(4)	①	製造間接費	100,000	社会保険料未払金	100,000
	②	社会保険料預り金 社会保険料未払金	100,000 100,000	当座預金	200,000
(5)		製造間接費	800,000	従業員賞与引当金	800,000
(6)		賃金	980,000	未払賃金	980,000
(7)		賃率差異	220,000	賃金	220,000

解説

(1) 先月末に行った賃金の見越しについて，再振替仕訳を行います。
(2) 賃金と従業員諸手当を区別し，控除項目は預り金で処理します。
(3) 直接労務費は直課し，間接労務費は配賦します。
(4) 製造間接費を計上することと社会保険料を支払うことを区別します。
(5) 従業員賞与について製造間接費として認識します。
(6) 当月末に賃金の見越計上を行います。
(7) 予定賃金と実際賃金の差額を賃率差異勘定に振り替えます。

練習問題 4－6

消費賃金仕訳帳　　(単位：円)

日付	摘要	借方		貸方
		仕掛品	製造間接費	賃金
(省略)		243,000	92,000	335,000
		72,000	28,000	100,000
		315,000	120,000	435,000

	借方科目	金額	貸方科目	金額
合計仕訳	仕掛品 製造間接費	315,000 120,000	賃金	435,000

解説

直接作業時間に対する消費賃金（@400円×180時間＝72,000円）は直接労務費，間接作業時間に対する消費賃金（@400円×60時間＝24,000円）および手待時間に対する消費賃金（@400円×10時間＝4,000円）は間接労務費です。したがって，消費賃金のうち，72,000円は仕掛品勘定へ，そして28,000円は製造間接費勘定へ振り替えます。

練習問題 4－7

給与支給帳 (単位：千円)

…	基本賃金	加給金	支払賃金	諸手当	支給総額	健康保険料	所得税	現金支給額
	(3,360)	944	(4,304)	(496)	(4,800)	(448)	376	(3,976)

消費賃金仕訳帳 (単位：千円)

日付	貸方 賃金	摘要	…（略）…	借方 仕掛品	借方 製造間接費
	(4,328)			3,496	832

総勘定元帳 (単位：千円)

賃金

諸口	4,304	未払賃金	848
未払賃金	900	諸口	4,328
		(賃率差異)	(28)
	5,204		5,204

未払賃金

(賃金)	(848)	前期繰越	848
		(賃金)	(900)

賃率差異

(賃金)	(28)		

従業員諸手当

諸口	496		

現金

		諸口	(3,976)

健康保険料預り金

		諸口	448

所得税預り金

		諸口	(376)

仕掛品

(賃金)	(3,496)		

製造間接費

(賃金)	(832)		

解説

総勘定元帳への記入の前提となる仕訳を示します。(単位：千円)

1　前月末未払賃金を賃金勘定から控除するための仕訳（月初に行う）

(借) 未払賃金　848　(貸) 賃金　848

2　給与の支給の仕訳

(借) 賃金　4,304　(貸) 現金　3,976
　　従業員諸手当　496　　健康保険料預り金　448
　　　　　　　　　　　　所得税預り金　376

（注） 借方の賃金4,304千円は給与支給帳の基本賃金と加給金の合計額です。

3　当月末未払賃金を賃金勘定に加算するための仕訳

(借) 賃金　900　(貸) 未払賃金　900

4　賃金の消費の仕訳

(借) 仕掛品　3,496　(貸) 賃金　4,328
　　製造間接費　832

5　賃率差異の仕訳

（借）賃 率 差 異　28　（貸）賃　金　28

第5章 経費計算

練習問題 5−1

1,950,000

円

解説

支払伝票，納品書，請求書などにもとづき，原則として当月の支払高を発生額としますが，原価計算期末に未払高や前払高がある場合は，支払高に加減して当月の発生額を計算します。

練習問題 5−2

	借方科目	金額	貸方科目	金額
(1)	仕掛品	50,000	材料	50,000
(2)	仕掛品	5,000	買掛金	5,000
(3)	製造間接費	2,000	材料	2,000
(4)	製造間接費	100,000	機械減価償却累計額	100,000

解説

仕訳の問題ですが，勘定科目の選択肢をみると，経費諸勘定あるいは経費勘定がありません。ここでは，経費（諸）勘定を設けない方法による仕訳が求められています。材料の加工を外注するために材料を出庫し，外注先に無償支給する場合には，外注先での加工も一連の製造過程の一部と考えます。材料Xは製品Aのために使われるので仕掛品（直接材料費）です。経費諸勘定を用いないため外注加工賃，棚卸減耗損，減価償却費という勘定科目はありませんが，(2)は直接経費ですから仕掛品，(3)と(4)は間接経費ですから製造間接費勘定に記入します。

練習問題 5−3

(1) 直接経費	35,000	円
(2) 間接経費	9,900	円

解説

(1) 直接経費

① 外注加工賃		35,000円

(2) 間接経費

② 工場建物の保険料	24,000円÷6カ月＝	4,000円
③ 工場建物の減価償却費	36,000円÷12カ月＝	3,000円
④ 当月の電気代		2,100円
⑤ 当月の材料棚卸減耗損		800円
	合計	9,900円

第6章 製造間接費計算

練習問題 6－1

	(1) 直接労務費基準	(2) 直接作業時間基準	(3) 機械作業時間基準
実際配賦額	181,440 円	216,000 円	151,200 円

解説

配賦率を求め，それに配賦基準量を乗じて配賦額を計算します。たとえば，直接労務費基準の場合は，次のようになります。

$$製品X への配賦額 = \frac{648{,}000円}{900{,}000円} \times 252{,}000円 = 0.72 \times 252{,}000円 = 181{,}440円$$

練習問題 6－2

配賦基準	配賦率	製造指図書 No. 10への配賦額
直接材料費	$\frac{1{,}950{,}000円}{3{,}250{,}000円} = 0.6$	0.6×162,500円＝97,500円
直接労務費	$\frac{1{,}950{,}000円}{2{,}600{,}000円} = 0.75$	0.75×104,000円＝78,000円
直接作業時間	$\frac{1{,}950{,}000円}{5{,}200時間} = 375円/時間$	375円/時間×200時間＝75,000円

練習問題 6－3

		借方科目	金額	貸方科目	金額
(1)		仕掛品	240,450	材料	96,600
		製造間接費	92,400	賃金	151,200
				経費	85,050
(2)	①	仕掛品	92,400	製造間接費	92,400
	②	仕掛品	92,400	製造間接費	92,400

解説

(2)の①と②の仕訳は同じですが，①と②では各指図書への配賦額が異なることに注意しましょう。

	指図書 No. 101への配賦額	指図書 No. 102への配賦額	合計
①の場合	42,000円	50,400円	92,400円
②の場合	49,665円	42,735円	92,400円

練習問題 6－4

製造指図書 No. 1952への配賦額	581,000	円

解説

製造間接費を配賦基準総量である直接労務費総額で除して配賦率を求め，製造指図書 No. 1952の配賦基準量である直接労務費を乗じて計算します。

$$\frac{256{,}800円 + 438{,}600円 + 1{,}352{,}100円}{2{,}925{,}000円} \times 830{,}000円 = 581{,}000円$$

練習問題 6－5

(1)

機械費計算月報　　　　(単位：円)

費　　目	配賦基準	合　計	機械１	機械２
機械個別費		(　6,560,000)	3,018,000	(3,542,000)
(細目省略)				
機械共通費				
間接賃金	工員数	2,640,000	(　1,056,000)	(　1,584,000)
動力費	馬力数×運転時間	1,960,000	(　1,000,000)	(　960,000)
建物費	占有面積	1,800,000	(　900,000)	(　900,000)
保険料	機械帳簿価額	440,000	(　176,000)	(　264,000)
		13,400,000	(　6,150,000)	(　7,250,000)
運転時間			500時間	400時間
機械率			(　12,300)円/時間	(　18,125)円/時間

(2)

	機械１	機械２	合　計
製品Ａへの配賦額	2,460,000　円	4,531,250　円	6,991,250　円
製品Ｂへの配賦額	3,690,000　円	2,718,750　円	6,408,750　円

解説

機械共通費は，費目ごとに与えられた配賦基準に従って各機械に配賦する。たとえば，間接賃金2,640,000円は，工員数を配賦基準として，機械１に1,056,000円（＝2,640,000円÷５人×２人），機械２に1,584,000円（＝2,640,000円÷５人×３人）が配賦されます。

各製品への機械費配賦額は，機械率（運転時間１時間当たりの機械費）に各製品の機械通過時間を乗じて計算されます。

製品Ａの配賦額＝機械１機械率12,300円/時間×200時間＋機械２機械率18,125円/時間×250時間
＝2,460,000円＋4,531,250円＝6,991,250円

製品Ｂの配賦額＝機械１機械率12,300円/時間×300時間＋機械２機械率18,125円/時間×150時間
＝3,690,000円＋2,718,750円＝6,408,750円

練習問題 6－6

①	実際配賦額	②	予定配賦額	③	予定配賦率
④	基準操業度	⑤	実際的生産能力	⑥	平均操業度
⑦	期待実際操業度	⑧	配賦差異	⑨	売上原価

練習問題 6－7

	借方科目	金額	貸方科目	金額
(1)	仕掛品	720,000	製造間接費	720,000
(2)	製造間接費配賦差異	20,000	製造間接費	20,000
(3)	売上原価	15,000	製造間接費配賦差異	15,000

解説

(2)までの勘定の内容を示します。

製造間接費

740,000	720,000 → 仕掛品
	20,000 → 製造間接費配賦差異

仕掛品

720,000	

製造間接費配賦差異

20,000	

練習問題 6−8

（単位：円）

現　金

		(4) 賃金・給料	164,000

買掛金

		(1) 材　料	120,000

材　料

(1) 買掛金	120,000	(2) 諸　口	104,000

賃金・給料

(4) 現　金	164,000	(3) 諸　口	156,000

製造間接費

（経　費）	26,000	(6) 配賦製造間接費	92,000
(2) 材　料	24,000		
(3) 賃金・給料	41,000		
(7) 製造間接費配賦差異	1,000		
	92,000		92,000

仕掛品

(2) 材　料	80,000		
(3) 賃金・給料	115,000		
(5) 配賦製造間接費	92,000		

配賦製造間接費

(6) 製造間接費	92,000	(5) 仕掛品	92,000

製造間接費配賦差異

		(7) 製造間接費	1,000

解説

(1)	（借）	材　料	120,000	（貸）	買掛金	120,000
(2)	（借）	仕掛品	80,000	（貸）	材　料	104,000
		製造間接費	24,000			
(3)	（借）	仕掛品	115,000	（貸）	賃金・給料	156,000
		製造間接費	41,000			
(4)	（借）	賃金・給料	164,000	（貸）	現　金	164,000
(5)	（借）	仕掛品	92,000	（貸）	配賦製造間接費	92,000 *

＊ 115,000円×80%＝92,000円

(6)	（借）	配賦製造間接費	92,000	（貸）	製造間接費	92,000
(7)	（借）	製造間接費	1,000	（貸）	製造間接費配賦差異	1,000

練習問題６－７とは異なり，配賦製造間接費勘定を設けて製造間接費を予定配賦する場合の，主な勘定の記帳内容を図解しておきます。ただし，本問と同様に，実際発生額＜予定配賦額の場合を仮定しています。

練習問題 6－9

（単位：円）

賃金・給料

	諸　口 (137,000)

製造間接費

借方		貸方	
材　料	28,000	(仕 掛 品)	(110,000)
(賃金・給料)	37,000	製造間接費配賦差異	(2,000)
経　費	47,000		

仕 掛 品

借方		貸方
材　料	120,000	
賃金・給料	(100,000)	
(製造間接費)	(110,000)	

製造間接費配賦差異

借方		貸方
製造間接費	2,000	

解説

諸勘定への記入のための仕訳は次のとおりです。

⑴　直接材料費の仕掛品への直課と間接材料費の製造間接費への振替

(借)	仕　掛　品	120,000	(貸)	材　料	148,000
	製造間接費	28,000			

⑵　直接労務費の仕掛品への直課と間接労務費の製造間接費への振替

(借)	仕　掛　品	100,000	(貸)	賃金・給料	137,000
	製造間接費	37,000			

⑶　間接経費の製造間接費への振替

(借)	製造間接費	47,000	(貸)	経　費	47,000

⑷　製造間接費の予定配賦

(借)	仕　掛　品	110,000	(貸)	製造間接費	110,000 *

＊　予定配賦額110,000円＝予定配賦率110％×直接労務費100,000円

⑸　製造間接費配賦差異の振替

(借)	製造間接費配賦差異	2,000	(貸)	製造間接費	2,000

練習問題 6－10

⑴	①	844,000円÷8,000時間＝105.5円/時間	
	②	754,000円÷6,500時間＝116円/時間	
	③	784,000円÷7,000時間＝112円/時間	
		予定配賦額	配賦差異
⑵		727,950　円	52,050　円（借方差異）
⑶		800,400　円	20,400　円（貸方差異）
⑷		772,800　円	7,200　円（借方差異）

解説

製造間接費を予定配賦するときは，製造間接費予算を予定配賦基準総量で除して予定配賦率を求め，それに実際配賦基準量を乗じて計算します。たとえば，実際的生産能力を予定配賦基準総量とする場合は，次のように計算します。

$$予定配賦額 = 6{,}900時間 \times \frac{844{,}000円}{8{,}000時間} = 6{,}900時間 \times 105.5円/時間 = 727{,}950円$$

そして，実際発生額との差額を計算します。たとえば，実際的生産能力を予定配賦基準総量とする場合は，次のようになります。

配賦差異＝780,000円－727,950円＝52,050円（借方差異）

練習問題 6－11

	配賦額				配賦差異
	製造指図書			合計	
	No. 10	No. 11	No. 12		
(1) 実際配賦	324,000円	162,000円	243,000円	729,000円	
(2) 予定配賦	320,000円	160,000円	240,000円	720,000円	9,000円（借方差異）

製造間接費

実際発生額	(729,000)	予定配賦額	(720,000)
配 賦 差 異	(—)	配 賦 差 異	(9,000)

解説

実際配賦額の計算：

実際配賦率＝729,000円÷9,000時間＝81円/時間

実際配賦額

指図書	No. 10	81円/時間×4,000時間＝324,000円
〃	No. 11	81円/時間×2,000時間＝162,000円
〃	No. 12	81円/時間×3,000時間＝243,000円
		合計 729,000円

予定配賦額の計算：

予定配賦率＝800,000円÷10,000時間＝80円/時間

予定配賦額

指図書	No. 10	80円/時間×4,000時間＝320,000円
〃	No. 11	80円/時間×2,000時間＝160,000円
〃	No. 12	80円/時間×3,000時間＝240,000円
		合計 720,000円

練習問題 6－12

	配賦差異	予算差異	操業度差異
(1)	150,000 円（借　方）	50,000 円（借　方）	100,000 円（借　方）
(2)	150,000 円（借　方）	100,000 円（借　方）	50,000 円（借　方）

解説

配賦差異の計算：

$$予定配賦率 = \frac{100円/時 \times 3{,}500時間 + 350{,}000円}{3{,}500時間} = 200円/時$$

予定配賦額＝200円/時×3,000時間＝600,000円

配賦差異＝750,000円－600,000円＝150,000円（借方差異）

配賦差異の分析：

(1) 固定予算を用いる場合

予算差異＝750,000円－(100円/時×3,500時間＋350,000円)＝50,000円（借方差異）

操業度差異＝(100円/時×3,500時間＋350,000円)－600,000円＝100,000円（借方差異）

(検証)

配賦差異＝予算差異50,000円（借方差異）＋操業度差異100,000円（借方差異）＝150,000円（借方差異）

(2) 変動予算を用いる場合

予算差異＝750,000円－(100円/時×3,000時間＋350,000円)＝100,000円（借方差異）

操業度差異＝(100円/時×3,000時間＋350,000円)－600,000円＝50,000円（借方差異）

(検証)

配賦差異＝予算差異100,000円（借方差異）＋操業度差異50,000円（借方差異）＝150,000円（借方差異）

第7章 部門費計算

練習問題 7－1

①	製造部門	②	補助部門	③	機械加工部	④	組立部
⑤	修繕部	⑥	工場事務部	⑦	補助経営部門	⑧	工場管理部門
⑨	動力部	⑩	労務部	⑪	部門個別費	⑫	部門共通費
⑬	直課	⑭	配賦				

(注) ③と④，⑤と⑨，および⑥と⑩に入っている言葉は，それぞれ，入れ替わってもかまいません。

練習問題 7－2

（単位：円）

費　　目	合　計	第1製造部門	第2製造部門	A補助部門	B補助部門
建物減価償却費	1,200,000	480,000	480,000	60,000	180,000
建物保険料	240,000	96,000	96,000	12,000	36,000
機械保険料	300,000	120,000	108,000	－	72,000
福利施設負担額	960,000	288,000	432,000	144,000	96,000
合　計	2,700,000	984,000	1,116,000	216,000	384,000

解説

建物減価償却費と建物保険料，機械保険料および福利施設負担額を，それぞれ，占有面積，機械帳簿価額および従業員数を配賦基準として，各部門に配賦します。たとえば，建物保険料の第1製造部門への配賦額は，次のとおりです。

$$\frac{240{,}000円}{2{,}400m^2} \times 960m^2 = 96{,}000円$$

練習問題 7－3

部門別配賦表　　　　(単位：円)

費目	合計	製造部門		補助部門	
		第1製造部	第2製造部	A補助部門	B補助部門
部門個別費：					
間接材料費	300,000	165,000	105,000	－	30,000
間接労務費	810,000	285,000	255,000	150,000	120,000
部門共通費：					
福利費	150,000	60,000	45,000	30,000	15,000
建物減価償却費	165,000	45,000	90,000	15,000	15,000
電力料	150,000	75,000	45,000	15,000	15,000
部門費	1,575,000	630,000	540,000	210,000	195,000

解説

福利費，建物減価償却費および電力料を，それぞれ，従業員数，占有面積および機械馬力数を配賦基準として，各部門に配賦します。たとえば，福利費の第1製造部への配賦額は，次のとおりです。

$$\frac{150{,}000円}{150人} \times 60人 = 60{,}000円$$

練習問題 7－4

①	補助部門費の配賦	②	補助部門費	③	製造部門
④	直接配賦法	⑤	相互配賦法		

練習問題 7－5

部門別配賦表　　　　(単位：円)

	合計	製造部門		補助部門		
		切削部	組立部	動力部	修繕部	工場事務部
部門費	807,000	272,000	207,000	170,000	78,000	80,000
動力部費	170,000	100,000	70,000			
修繕部費	78,000	42,000	36,000			
工場事務部費	80,000	32,000	48,000			
合計	807,000	446,000	361,000			

借方科目	金額	貸方科目	金額
切削部	174,000	動力部	170,000
組立部	154,000	修繕部	78,000
		工場事務部	80,000

(注)　次のように仕訳してもかまいません。

借方科目	金額	貸方科目	金額
切削部 組立部	100,000 70,000	動力部	170,000
切削部 組立部	42,000 36,000	修繕部	78,000
切削部 組立部	32,000 48,000	工場事務部	80,000

解説

動力部費，修繕部費および工場事務部費を，それぞれ，機械運転時間，修繕作業時間および従業員数を配賦基準として，各製造部門に配賦します。たとえば，動力部費の切削部への配賦額は，次のとおりです。

$$\frac{170{,}000\text{円}}{1{,}700\text{時間}}\times 1{,}000\text{時間}=100{,}000\text{円}$$

練習問題 7－6

部門別配賦表

(単位：円)

	合計	製造部門		補助部門		
		切削部	組立部	動力部	修繕部	工場事務部
部門費	807,000	272,000	207,000	170,000	78,000	80,000
第1次配賦						
動力部費	170,000	85,000	59,500	–	25,500	–
修繕部費	78,000	36,400	31,200	10,400	–	–
工場事務部費	80,000	20,000	30,000	15,000	15,000	–
第2次配賦				25,400	40,500	–
動力部費	25,400	14,941	10,459			
修繕部費	40,500	21,808	18,692			
製造部門費	807,000	450,149	356,851			

借方科目	金額	貸方科目	金額
切削部 組立部 動力部 修繕部	141,400 120,700 25,400 40,500	動力部 修繕部 工場事務部	170,000 78,000 80,000
切削部 組立部	36,749 29,151	動力部 修繕部	25,400 40,500

解説

簡便法としての相互配賦法では，第1次配賦において，補助部門費を自部門へは配賦しないことに注意しなければなりません。たとえば，動力部費を第1次配賦する場合の配賦基準総量は2,500時間ではなく，2,000時間となります。

練習問題 7－7

部門別配賦表　（単位：円）

	合　計	製造部門		補助部門		
		機械加工部	組立部	材料倉庫部	動力部	工場事務部
部門費	1,794,000	630,000	540,000	210,000	190,000	224,000
第１次配賦						
材料倉庫部費	210,000	84,000	63,000	－	42,000	21,000
動力部費	190,000	152,000	28,500	9,500	－	－
工場事務部費	224,000	67,200	89,600	22,400	44,800	－
第２次配賦				31,900	86,800	21,000
材料倉庫部費	31,900	18,229	13,671			
動力部費	86,800	73,095	13,705			
工場事務部費	21,000	9,000	12,000			
製造部門費	1,794,000	1,033,524	760,476			

解説

練習問題７－６と同様に，簡便法としての相互配賦法では，第１次配賦において，補助部門費を自部門へは配賦しないことに注意しなければなりません。なお，練習問題７－６とは異なり，第１次配賦では工場事務部へも配賦されるので，第２次配賦で工場事務部費を製造部門に配賦しています。

練習問題 7－8

（単位：千円）

第１製造部

保　全　部　（2,100）	

第２製造部

保　全　部　（2,800）	

保　全　部

実際発生額　5,390	第１製造部　（2,100）
配 賦 差 異　（　－　）	第２製造部　（2,800）
	配 賦 差 異　（　490）

解説

保全部門費の予定配賦額は，次のように，保全部門費予算を予定総保全作業時間で除して予定配賦率を求め，これに各製造部門の実際保全作業時間を乗じて計算します。

$$\text{第１製造部門への配賦額} = \frac{5{,}000\text{千円}}{200\text{時間}+300\text{時間}} \times 210\text{時間} = 2{,}100\text{千円}$$

$$\text{第２製造部門への配賦額} = \frac{5{,}000\text{千円}}{200\text{時間}+300\text{時間}} \times 280\text{時間} = 2{,}800\text{千円}$$

練習問題 7－9

（単位：千円）

組　立　部

動　力　部　（4,700）	

塗　装　部

動　力　部　（5,200）	

動　力　部

実際発生額　9,700	組　立　部　（4,700）
配 賦 差 異　（　200）	塗　装　部　（5,200）
	配 賦 差 異　（　－　）

解説

動力部門費の予定配賦額は，次のように，動力部門費予算を予定動力消費量で除して予定配賦率を求め，これに各製造部門の実際動力使用量を乗じて計算します。

$$組立部への配賦額 = \frac{9{,}800千円}{50万\ \text{kwh} + 48万\ \text{kwh}} \times 47万\ \text{kwh} = 4{,}700千円$$

$$塗装部への配賦額 = \frac{9{,}800千円}{50万\ \text{kwh} + 48万\ \text{kwh}} \times 52万\ \text{kwh} = 5{,}200千円$$

練習問題７－８とは異なり，配賦差異が貸方差異（有利差異）となっています。

第8章 個別原価計算

練習問題 8－1

	借方		貸方	
	記号	金額	記号	金額
(1)	(ア)	528,000	(イ)	528,000
(2)	(エ) (オ)	352,000 88,000	(ア) (　　)	440,000
(3)	(エ) (オ)	1,440,000 1,600,000	(ウ) (　　)	3,040,000
(4)	(エ)	1,500,000	(オ)	1,500,000
(5)	(カ)	188,000	(オ)	188,000

解説

単純個別原価計算の勘定連絡図を作成してみて，材料費，労務費，製造間接費のそれぞれの金額計算を行います。

基本的な勘定連絡図で(1)から(5)の順で仕訳を行います。

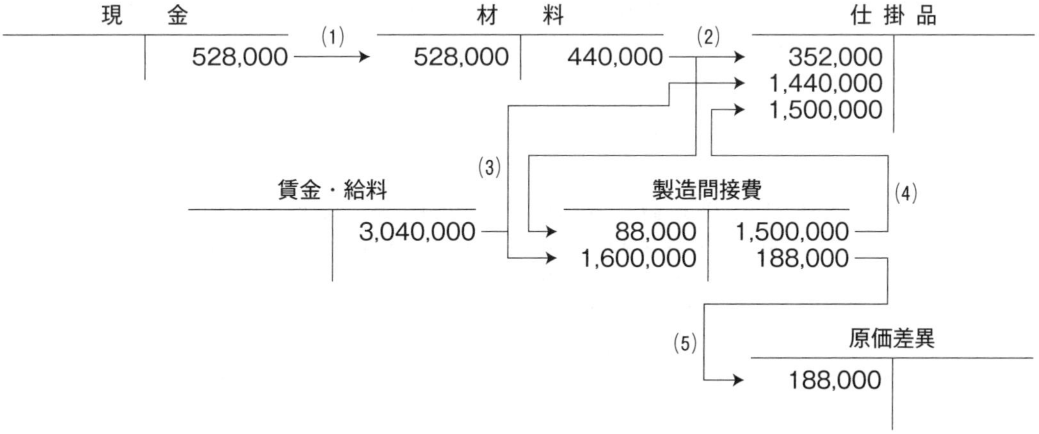

(1)　材料＝600kg×800円/kg＋600kg×800円/kg×10%（引取費用）＝528,000円

　　現金と材料の勘定を設定し，引取運賃を含めた材料購入原価を計算して仕訳します。

(2)　$仕掛品 = 528{,}000円 \times \frac{400\text{kg}}{600\text{kg}} = 352{,}000円$

$$製造間接費 = 528{,}000円 \times \frac{500kg - 400kg}{600kg} = 88{,}000円$$

材料の出庫なので，材料勘定から製造指図書番号があるものは仕掛品勘定へ，製造指図書番号のないものは製造間接費勘定へ振り替える仕訳をします。

(3) 仕掛品＝1,200時間×1,200円/時間＝1,440,000円

製造間接費＝1,800,000円－800,000円＋600,000円＝1,600,000円

賃金・給料勘定から仕掛品勘定，製造間接費勘定へ振り替える仕訳をします。

(4) 製造間接費＝1,200時間×1,250円/時間＝1,500,000円

月末に製造間接費を一括して予定配賦率にもとづき製品に配賦する仕訳をします。製造間接費勘定から仕掛品勘定へ振り替えます。なお，配賦基準には，(3)の直接作業時間を用います。

(5) 原価差異＝(88,000円＋1,600,000円)－1,500,000円＝188,000円（不利差異）

予定配賦することにより，製造間接費の実際発生額と予定配賦額との差異が発生します。ここでは，製造間接費勘定が借方残高となるので，これを原価差異勘定の借方に振り替えます。

練習問題 8－2

問1

製造原価報告書　　（単位：円）

直接材料費	(1,420,000)	
直接労務費	(1,200,000)	
製造間接費	(1,390,000)	
当月製造費用		(4,010,000)
月初仕掛品原価		(670,000)
合　計		(4,680,000)
月末仕掛品原価		(170,000)
当月製品製造原価		(4,510,000)

月次損益計算書　　（単位：円）

売上高	(8,430,000)
売上原価	(4,250,000)
売上総利益	(4,180,000)
販売費及び一般管理費	2,120,000
営業利益	(2,060,000)

問2

（単位：円）

仕　掛　品

6/1	月初有高	(670,000)	6/30	完成高	(4,510,000)
30	直接材料費	(1,420,000)	〃	月末有高	(170,000)
〃	直接労務費	(1,200,000)			
〃	製造間接費	(1,390,000)			
		(4,680,000)			(4,680,000)

製　　品

6/1	月初有高	(1,250,000)	6/30	売上原価	(4,250,000)
30	完成品高	(4,510,000)	〃	月末有高	(1,510,000)
		(5,760,000)			(5,760,000)

解説

問1

製造原価報告書の計算

当月直接材料費＝30,000円＋720,000円＋50,000円＋520,000円＋100,000円＝1,420,000円

当月直接労務費＝80,000円＋650,000円＋50,000円＋390,000円＋30,000円＝1,200,000円

当月製造間接費＝90,000円＋580,000円＋80,000円＋600,000円＋40,000円＝1,390,000円

当 月 製 造 費 用＝1,420,000円＋1,200,000円＋1,390,000円＝4,010,000円

月初仕掛品原価＝（250,000円－30,000円）＋（320,000円－80,000円）＋（300,000円－90,000円）＝670,000円

月末仕掛品原価＝100,000円＋30,000円＋40,000円＝170,000円

月次損益計算書の計算

売 上 高＝2,380,000円＋1,850,000円＋4,200,000円＝8,430,000円

売上原価＝（400,000円＋350,000円＋500,000円）＋（250,000円＋320,000円＋300,000円）
＋（720,000円＋650,000円＋580,000円）＋（50,000円＋50,000円＋80,000円）＝4,250,000円

問2

仕掛品勘定の金額記入

月初有高は製造原価報告書の月初仕掛品原価と同じです。

直接材料費，直接労務費，製造間接費は製造原価報告書のとおりです。

完成高，月末有高は製造原価報告書の当月製品製造原価，月末仕掛品原価と同じです。

製品勘定の金額記入

月初有高＝400,000円＋350,000円＋500,000円＝1,250,000円

売上原価は月次損益計算書のとおりです。

月末有高＝520,000円＋390,000円＋600,000円＝1,510,000円

＃13が完成しているので製品の月末在庫となります。

練習問題 8－3

	借方		貸方	
	記号	金額	記号	金額
(1)	（ ウ ） （ ）	6,450,000	（ オ ） （ ア ）	6,300,000 150,000
(2)	（ ケ ）	4,192,500	（ ウ ）	4,192,500
(3)	（ ケ ） （ カ ）	4,240,000 800,000	（ キ ） （ ）	5,040,000
(4)	（ ケ ）	4,380,000	（ カ ）	4,380,000
(5)	（ イ ）	12,901,700	（ ケ ）	12,901,700

解説

製造指図書別原価計算表　（単位：円）

摘要	＃1	＃2	＃3	合計
月初仕掛品	4,000,000	－	－	4,000,000
直接材料費	1,006,200	2,515,500	670,800	4,192,500
直接労務費	1,440,000	1,120,000	1,680,000	4,240,000
第1部門費	－	540,000	600,000	1,140,000
第2部門費	1,440,000	840,000	960,000	3,240,000
製造原価	7,886,200	5,015,500	3,910,800	16,812,500
備考	完成	完成	仕掛中	

練習問題 8－4

製造間接費 (単位：円)

間接材料費	(220,000)	予定配賦額	(2,500,000)
間接労務費	(850,000)	配賦差異	(220,000)
間接経費	(1,650,000)		
	(2,720,000)		(2,720,000)

仕掛品 (単位：円)

月初有高	(2,350,000)	製品	(11,780,000)
直接材料費	(6,250,000)	月末有高	(2,200,000)
直接労務費	(2,880,000)		
製造間接費	(2,500,000)		
	(13,980,000)		(13,980,000)

解説

・製造間接費勘定の計算

間接材料費：50,000円＋250,000円－80,000円＝220,000円

間接労務費：間接労務費の計算では，直接工の間接作業分と間接工賃金を合計します。

(@1,200円×200時間)＋(580,000円－150,000円＋180,000円)＝850,000円

間接経費：220,000円＋250,000円＋1,100,000円＋80,000円＝1,650,000円

製造間接費実際発生額：220,000円＋850,000円＋1,650,000円＝2,720,000円

予定配賦額：直接材料費×40％＝(素材消費額＋部品消費額)×40％

＝(900,000円＋5,500,000円－1,000,000円＋100,000円＋900,000円－150,000円)×40％

＝6,250,000円×40％＝2,500,000円

配賦差異：2,720,000円－2,500,000円＝220,000円 (不利差異)

・仕掛品勘定の計算

月初有高：資料より，2,350,000円

直接材料費：製造間接費勘定の予定配賦額の計算のとおり，6,250,000円

直接労務費：@1,200円×2,400時間＝2,880,000円

製造間接費：予定配賦額なので，2,500,000円

製品：借方合計額から資料にある仕掛品の月末有高を差し引きます。

2,350,000円＋6,250,000円＋2,880,000円＋2,500,000円－2,200,000円＝11,780,000円

月末有高：資料より，2,200,000円

第9章 総合原価計算

練習問題 9－1

問1 今月の月末仕掛品原価＝ 450,000 円

問2 今月の完成品総合原価＝ 2,212,000 円

問3 今月の完成品単位原価＝ 1,580 円/個

解説

月末仕掛品直接材料費＝$\dfrac{1{,}080{,}000\text{円}}{1{,}400\text{個}-200\text{個}+400\text{個}}\times 400\text{個}=270{,}000\text{円}$

月末仕掛品加工費＝$\dfrac{1{,}350{,}000\text{円}}{1{,}400\text{個}-200\text{個}\times 50\%+400\text{個}\times 50\%}\times 400\text{個}\times 50\%=180{,}000\text{円}$

月末仕掛品原価＝270,000円＋180,000円＝450,000円

完成品総合原価＝2,662,000円－450,000円＝2,212,000円

完成品単位原価＝2,212,000円÷1,400個＝1,580円/個

練習問題 9−2

総合原価計算表　（単位：円）

	第1工程		第2工程	
	原料費	加工費	前工程費	加工費
月初仕掛品原価	300,000	240,000	180,000	82,000
当月製造費用	1,460,000	2,280,000	（4,000,000）	3,120,000
合　　計	（1,760,000）	（2,520,000）	（4,180,000）	（3,202,000）
月末仕掛品原価	（160,000）	（120,000）	（400,000）	（160,000）
完成品総合原価	（1,600,000）	（2,400,000）	（3,780,000）	（3,042,000）

完成品単位原価＝ 1,895 円/kg

解説

第1工程の計算

$$月末仕掛品原料費=\frac{300{,}000円+1{,}460{,}000円}{4{,}000kg+400kg}\times 400kg=160{,}000円$$

$$月末仕掛品加工費=\frac{240{,}000円+2{,}280{,}000円}{4{,}000kg+400kg\times 50\%}\times 400kg\times 50\%=120{,}000円$$

第1工程完成品原料費＝1,760,000円－160,000円＝1,600,000円

第1工程完成品加工費＝2,520,000円－120,000円＝2,400,000円

第1工程完成品原価＝1,600,000円＋2,400,000円＝4,000,000円

第2工程の計算

第2工程では，前工程費を原料費のように計算します。なお，正常減損は終点発生なので，計算上，これを考慮して先入先出法で計算します。

$$月末仕掛品前工程費=\frac{4{,}000{,}000円}{3{,}600kg-200kg+200kg+400kg}\times 400kg=400{,}000円$$

$$月末仕掛品加工費=\frac{3{,}120{,}000円}{3{,}600kg-200kg\times 50\%+200kg\times 100\%+400kg\times 50\%}\times 400kg\times 50\%=160{,}000円$$

第2工程完成品原料費＝4,180,000円－400,000円＝3,780,000円

第2工程完成品加工費＝3,202,000円－160,000円＝3,042,000円

第2工程完成品単位原価＝（3,780,000円＋3,042,000円）÷3,600kg＝1,895円/kg

練習問題 9−3

(1)

総合原価計算表　（単位：円）

	材　料　X	材　料　Y	加　工　費
月初仕掛品	（353,500）	127,000	160,000
当月製造費用	（12,000,000）	（3,663,000）	5,642,500
合　計	（12,353,500）	（3,790,000）	（5,802,500）
月末仕掛品	2,400,000	396,000	（610,000）
完　成　品	（9,953,500）	（3,394,000）	（5,192,500）

(2)

売上原価＝ 18,923,000 円

解説

本問は，追加材料の処理を問う問題です。ただし，一部数値を逆算する必要があるため，総合原価計算の構造をしっかり理解していないと解答が難しいかもしれません。

まず，材料Ｙは工程を通じて平均的に投入されているので，材料Ｙは加工換算量に従って原価を完成品と月末仕掛品に配分することになります。生産・販売データは以下のとおりです。

生産データ （単位：個）

月初仕掛品	200	完成品	1,800
	(150)		(1,800)
当月投入	2,000	月末仕掛品	400
	(1,850)		(200)

販売データ （単位：個）

月初製品	150	当月販売品	1,850
当月完成品	1,800	月末製品	100

上記のデータと問題文および解答欄の原価データにもとづいて各数値を算定します。まず，月末仕掛品原価の材料X，Ｙの数値および先入先出法を採用しているという指示から，各材料の当月投入金額を逆算します。

X材料（当月投入） 2,400,000円/400個×2,000個＝12,000,000円

Ｙ材料（当月投入） 396,000円/200個×1,850個＝3,663,000円

次に，解答欄の月初仕掛品原価の材料Y，加工費の数値と問題文の月初仕掛品原価（合計）の数値から月初仕掛品原価の材料Ｘの数値を算定します。

材料X（月初仕掛） 640,500円－127,000円－160,000円＝353,500円

あとは，通常どおり月末仕掛品原価や完成品原価を算定します。

1．月末仕掛品原価

X材料費 2,400,000円（解答欄より）

Ｙ材料費 396,000円（解答欄より）

加 工 費 5,642,500円÷1,850個×200個＝610,000円

合 計 2,400,000円＋396,000円＋610,000円＝3,406,000円

2．完成品原価

X材料費 12,353,500円（解答欄の「合計」欄より）－2,400,000円＝9,953,500円

Ｙ材料費 3,790,000円（解答欄の「合計」欄より）－396,000円＝3,394,000円

加 工 費 5,802,500円（解答欄の「合計」欄より）－610,000円＝5,192,500円

合 計 9,953,500円＋3,394,000円＋5,192,500円＝18,540,000円

最後に，販売データおよび製品原価データにもとづき，売上原価を算定します。

3．売上原価

原価配分方法は先入先出法を採用しているので，

月末製品原価 18,540,000円（当月完成品原価）/1,800個×100個＝1,030,000円

売上原価 18,540,000円＋1,413,000（月初製品原価）－1,030,000円＝18,923,000円

練習問題 9－4

製品 A の完成品総合原価＝ 1,008,000 円

製品 A の完成品単位原価＝ 1,260 円/個

製品 B の完成品総合原価＝ 2,016,000 円

製品 B の完成品単位原価＝ 630 円/個

解説

等級別総合原価計算では，月初仕掛品原価と当月製造費用を単純総合原価計算と同様に，A と B の両製品の完成品全体の原価と月末仕掛品原価に配分します。続いて，その完成品全体の原価を等価係数により A，B の各等級製品の完成品に配分します。

・直接材料費の計算

$$月末仕掛品の直接材料費＝\frac{1,320,000円}{4,000個-200個+600個}\times 600個＝180,000円$$

完成品の直接材料費＝72,000円＋1,320,000円－180,000円＝1,212,000円

・加工費の計算

$$月末仕掛品の直接材料費＝\frac{1,890,000円}{4,000個-200個\times 50\%+600個\times 50\%}\times 600個\times 50\%＝135,000円$$

完成品の加工費＝57,000円＋1,890,000円－135,000円＝1,812,000円

・製品 A と製品 B の完成総合原価の計算

完成品総合原価＝1,212,000円＋1,812,000円＝3,024,000円

・等価比率と按分原価の計算

等価係数は製品の重量なので，A を 1，B を0.5とします。

等級製品	等価係数	×	生産量	＝	積数	等価比率	按分原価
A	1		800個		800	1／3	1,008,000円
B	0.5		3,200個		1,600	2／3	2,016,000円

よって，

製品 A の完成品総合原価＝1,008,000円

製品 A の完成品単位原価＝1,008,000円÷800個＝1,260円/個

製品 B の完成品総合原価＝2,016,000円

製品 B の完成品単位原価＝2,016,000円÷3,200個＝630円/個

第10章 標準原価計算

練習問題 10－1

問 1 直接材料費総差異＝ 580,000 円（有利・(不利)）差異

価格差異＝ 340,000 円（有利・(不利)）差異

数量差異＝ 240,000 円（有利・(不利)）差異

問 2 直接労務費総差異＝ 765,000 円（有利・(不利)）差異

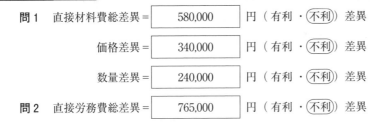

賃率差異＝	495,000	円（有利・(不利)）差異
時間差異＝	270,000	円（有利・(不利)）差異
問3　製造間接費総差異＝	660,000	円（有利・(不利)）差異
予算差異＝	80,000	円（有利・(不利)）差異
能率差異＝	480,000	円（有利・(不利)）差異
操業度差異＝	100,000	円（有利・(不利)）差異

解説

問1　直接材料費の差異計算

直接材料費総差異＝実際直接材料費－標準直接材料費

＝実際直接材料費－（完成品量－月初仕掛品換算量＋月末仕掛品換算量）×直接材料費標準

＝（420円/kg×17,000kg）－（8,000個－400個＋600個）×800円/個

＝580,000円（プラスなので不利差異）

価格差異＝（実際価格－標準価格）×実際材料消費量

＝（420円/kg－400円/kg）×17,000kg＝340,000円（不利差異）

数量差異＝（実際材料消費量－標準材料消費量）×標準価格

＝（17,000kg－8,200個×２kg/個）×400円/kg＝240,000円（不利差異）

問2　直接労務費の差異計算

直接労務費総差異＝実際直接労務費－標準直接労務費

＝実際直接労務費－（完成品量－月初仕掛品換算量＋月末仕掛品換算量）×直接労務費標準

＝（930円/時間×16,500時間）－（8,000個－400個×50％＋600個×50％）×1,800円/個

＝765,000円（不利差異）

賃率差異＝（実際賃率－標準賃率）×実際直接作業時間

＝（930円/時間－900円/時間）×16,500時間＝495,000円（不利差異）

時間差異＝（実際直接作業時間－標準直接作業時間）×標準賃率

＝（16,500時間－8,100個×２時間/個）×900円/時間＝270,000円（不利差異）

問3　製造間接費の差異計算

製造間接費総差異＝実際製造間接費－標準製造間接費

＝26,580,000円－1,600円/時間×（8,000個－400個×50％＋600個×50％）×２時間/個＝660,000円（不利差異）

予算差異＝実際製造間接費－実際作業時間に対応する変動製造間接費予算額

＝26,580,000円－（600円/時間×16,500時間＋16,600,000円）＝80,000円（不利差異）

能率差異＝（実際作業時間－標準作業時間）×標準配賦率

＝（16,500時間－16,200時間）×1,600円/時間＝480,000円（不利差異）

操業度差異＝（正常作業時間－実際作業時間）×固定費率（下図参照）

下記の図からわかるように，正常作業時間は次のように計算します。

正常作業時間＝当月固定費÷固定費率＝16,600,000円÷1,000円/時間＝16,600時間

操業度差異＝（16,600時間－16,500時間）×1,000円/時間＝100,000円（不利差異）

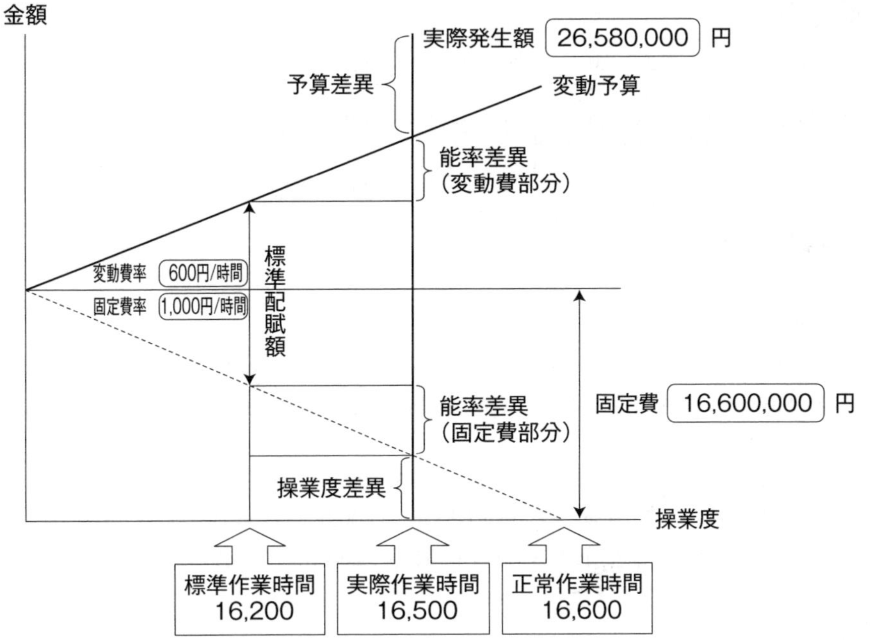

練習問題 10－2

製造間接費－仕掛　（単位：円）

月初仕掛品原価	当月標準製造間接費
（　1,680,000）	（　15,960,000）
当月製造費用	当月製造間接費総差異
（　14,920,000）	（　640,000）

予算差異　（単位：円）

（　40,000）	

能率差異　（単位：円）

（　420,000）	

操業度差異（単位：円）

（　180,000）	

解説

変動費率＝8,640,000円÷3,600時間＝2,400円/時間

固定費率＝6,480,000円÷3,600時間＝1,800円/時間

月初仕掛品の製造間接費は標準原価で計算します。

月初仕掛品の製造間接費＝400kg×50%×２時間/kg×（2,400円/時間＋1,800円/時間）＝1,680,000円

当月標準製造間接費は製品と月末仕掛品の製造間接費になります。

製品および月末仕掛品の製造間接費

＝（1,800kg＋200kg×50%）×２時間/kg×（2,400円/時間＋1,800円/時間）＝15,960,000円

当月製造間接費総差異

＝14,920,000円－（2,400円/時間＋1,800円/時間）×（1,800kg－400kg×50%＋200kg×50%）×２時間/kg

＝640,000円（不利差異）

予算差異＝14,920,000円－（2,400円/時間×3,500時間＋6,480,000円）＝40,000円（不利差異）

能率差異＝（3,500時間－3,400時間）×（2,400円/時間＋1,800円/時間）＝420,000円（不利差異）

操業度差異＝（3,600時間－3,500時間）×1,800円/時間＝180,000円（不利差異）

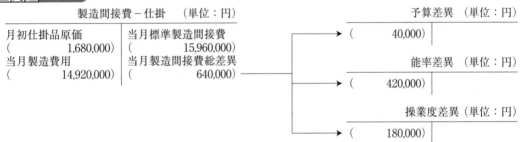

練習問題 10−3

製造間接費総差異＝ 277,000 円（有利・(不利)）差異

予算差異＝ 57,000 円（有利・(不利)）差異

能率差異＝ 196,000 円（有利・(不利)）差異

操業度差異＝ 24,000 円（有利・(不利)）差異

解説

固定費＝4,225,000円－2,425,000円＝1,800,000円

標準固定費配賦率＝1,800,000円÷(18,000時間÷12カ月)＝1,200円/時間

総差異＝4,225,000円－(1,600円/時間＋1,200円/時間)×(465個－20個×50％＋30個×50％)×3時間/個
＝277,000円（不利差異）

予算差異＝2,425,000円－1,600円/時間×1,480時間＝57,000円（不利差異）

能率差異＝(1,480時間－1,410時間)×(1,600円/時間＋1,200円/時間)＝196,000円（不利差異）

操業度差異＝(1,500時間－1,480時間)×1,200円/時間＝24,000円（不利差異）

練習問題 10−4

⑴ 標準原価カード

直接材料費	(1,500)円/kg	×(8)kg/個	＝	(12,000)円/個
直接労務費	(1,800)円/時間	×(6)時間/個	＝	(10,800)円/個
製造間接費	(2,000)円/時間	×(6)時間/個	＝	(12,000)円/個
合　計				(34,800)円/個

⑵ 各費目総差異の算定

直接材料費総差異	790,000	円（(借方)・貸方）差異
直接労務費総差異	402,000	円（借方・(貸方)）差異
製造間接費総差異	476,200	円（(借方)・貸方）差異

（　）内には，借方差異ならば「借方」，貸方差異ならば「貸方」を○で囲みなさい。
なお，差異がゼロの場合は（　）内の「借方」と「貸方」に二重線を引くこと。

⑶ 製造間接費総差異の分解

予算差異	356,200	円（(借方)・貸方）差異
操業度差異	0	円（~~借方・貸方~~）差異
能率差異	120,000	円（(借方)・貸方）差異

（　）内には，借方差異ならば「借方」，貸方差異ならば「貸方」を○で囲みなさい。
なお，差異がゼロの場合は（　）内の「借方」と「貸方」に二重線を引くこと。

解説

本問は標準原価計算に関する基本問題です。

⑴の標準原価カードに関しては，資料の①のデータから原価要素別に数値を記入していくことになります。なお，製造間接費の標準配賦率は以下のようにして算定されます。

標準配賦率＝61,200,000円÷30,600時間＝2,000円/時間

完成品換算総量は，以下のようになります。

直接材料費＝400個＋40個－10個＝430個

加　工　費＝400個＋40個×0.5－10個×0.5＝415個

したがって，原価要素別の標準原価は以下のように計算できます。

直接材料費＝12,000円/個×430個＝5,160,000円

直接労務費＝10,800円/個×415個＝4,482,000円

製造間接費＝12,000円/個×415個＝4,980,000円

また，資料の③のデータから当月の実際原価は以下のように計算できます。

直接材料費＝1,700円/kg ×3,500kg＝5,950,000円

直接労務費＝1,600円/時間×2,550時間＝4,080,000円

製造間接費＝5,456,200円

よって，上記の標準原価と実際原価との差額が(2)の各費目総差異になります。実際原価が標準原価よりも多い直接材料費と製造間接費は不利な差異すなわち借方差異となり，実際原価が標準原価よりも少ない直接労務費は有利な差異すなわち貸方差異となります。

なお，計算結果は以下のようになります。

直接材料費＝5,160,000円－5,950,000円＝△790,000円（借方差異）

直接労務費＝4,482,000円－4,080,000円＝　402,000円（貸方差異）

製造間接費＝4,980,000円－5,456,200円＝△476,200円（借方差異）

当月の標準直接作業時間，実際直接作業時間，正常直接作業時間は以下のようになります。

標準直接作業時間＝６時間/個×415個（完成品換算総量）＝2,490時間

実際直接作業時間＝2,550時間（資料の③のデータより）

正常直接作業時間＝30,600時間（年間）÷12カ月＝2,550時間

これらのデータと製造間接費の標準配賦率および製造間接費の実際発生額データから製造間接費の総差異を(3)の予算差異，操業度差異，能率差異に分解します。なお，問題文より，当工場では固定予算を採用し，その予算額は5,100,000円（61,200,000円/12カ月）であることに留意してください。計算結果が「－」の場合は借方差異，「＋」の場合は貸方差異です。

予算差異＝5,100,000円（予算額）－5,456,200円（実際発生額）＝△356,200円（借方差異）

操業度差異＝2,000円/時間（標準配賦率）×(2,550時間（実際）－2,550時間（正常））＝０円

能率差異＝2,000円/時間×(2,490時間（標準）－2,550時間（実際））＝△120,000円（借方差異）

練習問題 10－5

直接材料費勘定＝	△170,000	円	直接労務費勘定＝	△71,000	円
製造間接費勘定＝	109,000	円	仕掛品勘定　＝	0	円

解説

本問は，標準原価計算におけるシングル・プランについての基本問題です。シングル・プランは，各原価要素の標準原価差異を各費目勘定で把握し，仕掛品勘定には標準原価のみが記入される記帳方法です。このため，シングル・プランでは仕掛品勘定で標準原価差異が把握されることはありません。ゆえに，本問において仕掛品勘定で把握される標準原価差異は０円となります。

シングル・プランがパーシャル・プランと異なるのは，どの時点で標準原価差異を把握するかという点のみなので，各原価要素の標準原価差異については，各費目勘定でパーシャル・プランの場合と同じように「標準原価－実際原価」という計算をします。なお，資料にはいくつかのダミー資料が含まれているので，解答に必要な資料はどれなのかをきちんと見極められるようにしてください。

資料の③のデータから当月投入の完成品換算総量は直接材料費が900個，加工費が830個と計算できます。よって，各原価要素の標準原価差異は以下のようにして求められます。

直接材料費勘定で把握される原価差異（直接材料費総差異）

=標準原価−実際原価=@900円×900個×3kg−@1,000円×(300kg+2,500kg−200kg)
=△170,000円（借方差異）
直接労務費勘定で把握される原価差異（直接労務費総差異）
=標準原価−実際原価=@1,100円×830個×1時間−(960,000円−60,000円+84,000円)
=△71,000円（借方差異）
製造間接費勘定で把握される原価差異（製造間接費総差異）
=標準原価−実際原価=@1,400円×830個×1時間−1,053,000円=109,000円（貸方差異）

第11章 原価・営業量・利益関係の分析

練習問題 11−1

(1)	45%	(2)	1,000,000円	(3)	1,500,000円
(4)	1,500,000円	(5)	37.5%		

解説

(1) 貢献利益率は，貢献利益を売上高で割る，あるいは単位当たり貢献利益を販売単価で割ることにより計算します。
貢献利益率=(販売単価−単位当たり変動費)÷販売単価×100
={1,000円−(200円+200円+150円)}÷1,000円×100=45%
(2) 損益分岐点の売上高=固定費÷貢献利益率
=(250,000円+200,000円)÷0.45=1,000,000円
(3) 目標営業利益達成売上高=(固定費+目標営業利益)÷貢献利益率
=(450,000円+225,000円)÷0.45=1,500,000円
(4) 目標営業利益率達成売上高=固定費÷(貢献利益率−目標営業利益率)
=450,000円÷(0.45−0.15)=1,500,000円
(5) 安全余裕率=(現在の売上高−損益分岐点達成売上高)÷現在の売上高×100
=(1,600,000円−1,000,000円)÷1,600,000×100=37.5%

練習問題 11−2

(1)	1,200,000 円	(2)	1,350,000 円	(3)	10,900 個	(4)	80 %

解説

(1)「販売単価−単位当たり変動費=単位当たり貢献利益」の式を展開すると，「1−変動費率=貢献利益率」となります。それゆえ，
損益分岐点の売上高=固定費÷貢献利益率
=660,000円÷(1−0.45)=1,200,000円
(2) 目標営業利益達成売上高=(固定費+目標営業利益)÷貢献利益率
=(660,000円+82,500円)÷0.55=1,350,000円
(3) 目標営業利益達成販売量=(固定費+目標利益)÷単位当たり貢献利益
=(660,000円+59,400円)÷(120×0.55)=10,900個
(4) 損益分岐点比率=損益分岐点の売上高÷現在の売上高
=1,200,000円÷1,500,000円×100=80%

練習問題 11−3

(1) 当期の損益分岐点の売上高＝ 2,400,000 円

(2) 次期に営業利益を2,800,000円にする売上高＝ 8,000,000 円

(3) 次期に営業利益率を40％にする製品Ｘの販売量＝ 30,000 個

解説

本問はCVP分析に関する基本問題です。

まず，資料から当期の製品Ｘの販売価格，１個当たりの変動費合計，貢献利益率を算定します。

当期の製品Ｘの販売価格＝6,000,000円÷15,000個＝400円/個

当期の製品Ｘの１個当たり変動費合計＝(2,700,000円＋300,000円)÷15,000個＝200円/個

当期の貢献利益率＝(400円/個－200円/個)÷400円/個＝50％（0.5）

(1) 次の式により，当期の損益分岐点売上高を計算します。

損益分岐点の売上高＝固定費÷貢献利益率

この式で，固定費とは製造固定費と固定販売費及び一般管理費の合計を意味します。

当期の損益分岐点売上高＝(800,000円＋400,000円)÷0.5＝2,400,000円

(2) 次の式により，次期の目標営業利益額達成に必要な売上高を計算します。

目標営業利益額達成のための売上高＝(固定費＋目標営業利益)÷貢献利益率

本問では，目標営業利益は2,800,000円であり，問題文の条件から次期も固定費や貢献利益率は変わらないので，計算式は以下のようになります。

営業利益2,800,000円を達成するための売上高＝(800,000円＋400,000円＋2,800,000円)÷0.5＝8,000,000円

(3) まず，営業利益率40％を達成するための次期売上高を次の式により計算します。

目標営業利益率達成のための売上高＝固定費÷(貢献利益率－目標営業利益率)

本問では問題文の条件から次期も固定費や貢献利益率は変わらないので，計算式は以下のようになります。

営業利益率40％を達成するための売上高＝(800,000円＋400,000円)÷(0.5－0.4)＝12,000,000円

問題文の条件から販売価格は次期も同じ400円/個なので，求めるべき次期の製品Ｘの販売量は，次の式により計算します。

12,000,000円÷400円＝30,000個

第12章 原価予測の方法

練習問題 12−1

①	原価態様	②	変動費	③	固定費
④	準変動費	⑤	準固定費	⑥	費目別精査法
⑦	高低点法	⑧	最大営業量	⑨	最小営業量

①は，コスト・ビヘイビアでも正解です。⑥は，勘定科目精査法，会計的方法でもかまいません。⑧と⑨は，逆でも正解です。

解説

⑧と⑨については，原価発生額の最大値と最小値を用いて原価見積りをするのではないことに注意しましょう。

練習問題 12−2

	(1) 原価態様による分類	(2) 固定費（月額）	(3) 変動費率
直接工賃金	変動費		1,000 円/時間
機械減価償却費	固定費	500,000 円	
電力料	準変動費		
建物減価償却費	固定費	750,000 円	
機械修繕費	準変動費		

解説

直接工賃金は変動費に，機械減価償却費，建物減価償却費は固定費に，電力料，機械修繕費は準変動費に分類されます。

直接工賃金の変動費率＝2,500,000円÷2,500時間＝1,000円/時間

練習問題 12−3

(1)	300	円/時間
(2)	300,000	円
(3)	930,000	円

解説

正常操業圏は，1,400（＝2,000×70％）直接作業時間から2,400（＝2,000×120％）直接作業時間の間となります。それゆえ，過去の実績データのうち，最小営業量は２月の1,500直接作業時間，最大営業量は５月の2,400直接作業時間となります。

変動費率＝（1,020,000円－750,000円）÷（2,400時間－1,500時間）＝300円/時間

固定費額は，原価発生額＝変動費率×営業量＋固定費の関係の式に，最小営業量あるいは最大営業量の際のデータを代入して求めます。

２月のデータを入力した場合，750,000円＝300円/時間×1,500時間＋固定費より，固定費額は300,000円と算出されます。

第13章 直接原価計算

練習問題 13−1

直接原価計算による損益計算書 （単位：円）

	第１期	第２期
売上高	（ 4,000,000）	（ 4,000,000）
変動売上原価	（ 1,640,000）	（ 1,640,000）
変動製造マージン	（ 2,360,000）	（ 2,360,000）
変動販売費	（ 240,000）	（ 240,000）
貢献利益	（ 2,120,000）	（ 2,120,000）
固定費：		
製造固定費	（ 1,100,000）	（ 1,100,000）
固定販売費及び一般管理費	（ 594,000）	（ 594,000）
営業利益	（ 426,000）	（ 426,000）

全部原価計算による損益計算書　(単位：円)

	第１期	第２期
売上高	(4,000,000)	(4,000,000)
売上原価	(2,740,000)	(2,640,000)
売上総利益	(1,260,000)	(1,360,000)
販売費及び一般管理費	(834,000)	(834,000)
営業利益	(426,000)	(526,000)

解説

直接原価計算による損益計算書では，第１期，第２期の各項目の金額は，以下のように計算されます。

売上高＝2,000円×2,000個＝4,000,000円

変動売上原価＝(350円＋250円＋220円)×2,000個＝1,640,000円

(第２期の変動売上原価＝当期製品製造原価 (350円＋250円＋220円)×2,200個

－期末製品棚卸高 (350円＋250円＋220円)×200個＝1,640,000円)

変動製造マージン＝売上高－変動売上原価

＝4,000,000円－1,640,000円＝2,360,000円

変動販売費＝120円×2,000個＝240,000円

貢献利益＝変動製造マージン－変動販売費

＝2,360,000円－240,000円＝2,120,000円

営業利益＝貢献利益－固定費

＝2,120,000円－(1,100,000円＋594,000円)＝426,000円

全部原価計算による損益計算書では，第１期の各項目の金額は，次のように計算されます。

売上原価＝(350円＋250円＋220円)×2,000個＋1,100,000円＝2,740,000円

売上総利益＝4,000,000円－2,740,000円＝1,260,000円

販売費及び一般管理費＝120円×2,000個＋594,000円＝834,000円

営業利益＝1,260,000円－834,000円＝426,000円

第１期は期首・期末棚卸資産がないため，両原価計算による営業利益の額は一致します。

なお，第２期は，第１期と販売量が同じであるため，売上高，販売費及び一般管理費の額は第１期と同じですが売上原価の金額は次のようになります。

売上原価＝｛(350円＋250円＋220円)×2,200個＋1,100,000円｝÷2,200個×2,000個＝2,640,000円

第２期は，期末製品在庫があるため，両原価計算による営業利益の額が異なっています。

練習問題 13－2

直接原価計算による営業利益（ 426,000 ）円

＋期末棚卸資産に含まれる固定製造間接費（ 100,000 ）円

－期首棚卸資産に含まれる固定製造間接費（ 0 ）円

＝全部原価計算による営業利益（ 526,000 ）円

解説

本問では，期首の仕掛品在庫・製品在庫，期末の仕掛品在庫はないので，期末の製品在庫に含まれる固定製造間接費を調整します。

1,100,000円÷2,200個×200個＝100,000円

練習問題 13-3

(1)

直接原価計算による損益計算書　(単位：円)

売上高	(9,000,000)
変動売上原価	(3,600,000)
変動製造マージン	(5,400,000)
変動販売費	(300,000)
貢献利益	(5,100,000)
製造固定費	(1,700,000)
固定販売費及び一般管理費	(2,000,000)
営業利益	(1,400,000)

(2)

固定費調整表　(単位：円)

直接原価計算による営業利益	(1,400,000)
期末仕掛品に含まれる固定製造原価	(100,000)
期末製品に含まれる固定製造原価	(200,000)
小　　計	(1,700,000)
期首仕掛品に含まれる固定製造原価	(50,000)
期首製品に含まれる固定製造原価	(50,000)
全部原価計算による営業利益	(1,600,000)

解説

本問は直接原価計算に関する問題です。(1)では直接原価計算による損益計算書の作成が求められていて，(2)では全部原価計算による営業利益と直接原価計算による営業利益の差額について固定費調整表の作成が求められています。

(1) 直接原価計算による損益計算書の作成

売上高＝300円/個×30,000個＝9,000,000円

変動売上原価＝(60円＋20円＋40円)/個×30,000個＝3,600,000円（※1）

変動製造マージン＝9,000,000円－3,600,000円＝5,400,000円

変動販売費＝10円/個×30,000個＝300,000円

貢献利益＝5,400,000円－300,000円＝5,100,000円

製造固定費＝50円/個×34,000個＝1,700,000円（※2）

固定販売費及び一般管理費＝2,000,000円（資料の①より）

営業利益＝5,100,000円－(1,700,000円＋2,000,000円)＝1,400,000円

（※1） 直接原価計算においては，売上原価は製造原価を変動費のみで計算します。

（※2） 直接原価計算においては，製造固定費は期間原価なので，当期の実際発生額を示します。したがって，資料の①の固定製造間接費に当期の生産データから算定される加工費の完成品換算量を乗じます。なお，加工費の完成品換算量の計算式は以下のようになります。

生産データにおける加工費の完成品換算量＝33,000個＋4,000個×50％－2,000個×50％＝34,000個

(2) 固定費調整表の作成

直接原価計算と全部原価計算の営業利益の違いは，固定製造原価を期間原価として扱っているか，それとも製品原価として扱っているかという点によるものです。そのため，期首・期末の仕掛品と製品に含まれている固定製造原価を調整すれば，両者の利益は一致します。この調整作業を表にしたものが固定費調整表です。

期末仕掛品に含まれる固定製造原価＝50円/個×(4,000個×50％)＝100,000円

期末製品に含まれる固定製造原価＝50円/個×4,000個＝200,000円

期首仕掛品に含まれる固定製造原価＝50円/個×(2,000個×50％)＝50,000円

期首製品に含まれる固定製造原価＝50円/個×1,000個＝50,000円

全部原価計算による営業利益

＝直接原価計算による営業利益＋期末仕掛品に含まれる固定製造原価＋期末製品に含まれる固定製造原価

－期首仕掛品に含まれる固定製造原価－期首製品に含まれる固定製造原価

＝1,400,000円＋100,000円＋200,000円－50,000円－50,000円＝1,600,000円

練習問題 13－4

全部原価計算による損益計算書

（単位：円）

売上高	（ 2,160,000）	（※1）
売上原価	（ 1,280,000）	（※2）
配賦差異	（ 80,000）	（※3）
売上総利益	（ 800,000）	
販売費及び一般管理費	（ 716,000）	（※4）
営業利益	（ 84,000）	

直接原価計算による損益計算書

（単位：円）

売上高	（ 2,160,000）	
変動売上原価	（ 640,000）	（※5）
変動製造マージン	（ 1,520,000）	
変動販売費	（ 280,000）	（※6）
貢献利益	（ 1,240,000）	
固定費	（ 1,156,000）	（※7）
営業利益	（ 84,000）	

解説

（※1） 2,700円/個×800個

（※2） （製品1個当たり原料費300円＋変動加工費予定配賦率500円/個＋固定加工費予定配賦率800円/個）×800個

（※3） 固定加工費実際発生額720,000円－固定加工費予定配賦額（固定加工費予定配賦率800円/個×800個）

（※4） 製品1個当たり変動販売費350円×800個＋固定販売費136,000円＋固定一般管理費300,000円

（※5） （製品1個当たり原料費300円＋変動加工費予定配賦率500円/個）×800個

（※6） 製品1個当たり変動販売費350円×800個

（※7） 固定加工費720,000円＋固定販売費136,000円＋固定一般管理費300,000円

練習問題 13－5

問1

損 益 計 算 書

	（単位：円）
売上高	（ 6,000,000）
変動売上原価	（ 900,000）
変動製造マージン	（ 5,100,000）
変動販売費	（ 100,000）
貢献利益	（ 5,000,000）
製造固定費	（ 2,100,000）
固定販売費及び一般管理費	（ 900,000）
営業利益	（ 2,000,000）

問 2	3,600,000	円
問 3	40	%
問 4	7,200,000	円

解説

問 1　当期の売上原価のうち，変動売上原価は（直接材料費40円＋直接労務費20円＋製造間接費30円）×10,000個＝900,000円です。それゆえ，当期の製造固定費は，3,000,000円－900,000円＝2,100,000円と計算されます。同様に，当期の販売費及び一般管理費のうち，変動費は10円×10,000個＝100,000円です。すなわち，固定販売費及び一般管理費は1,000,000円－100,000円＝900,000円と計算されます。

問 2　$損益分岐点の売上高=\frac{固定費}{貢献利益率}=\frac{3{,}000{,}000円}{500円\div 600円}=3{,}600{,}000円$

問 3　$安全余裕率=\frac{現在の売上高-損益分岐点の売上高}{現在の売上高}=\frac{6{,}000{,}000-3{,}600{,}000}{6{,}000{,}000}=40\%$

問 4　$目標利益を達成する売上高=\frac{固定費+営業利益}{貢献利益率}=\frac{3{,}000{,}000円+3{,}000{,}000円}{500円\div 600円}=7{,}200{,}000円$

練習問題 13－6

問 1	30,000,000	円
問 2	5,600,000	円
問 3	400,000	円
問 4	6,000,000	円

解説

問 1　貢献利益率は1,600万円÷4,000万円×100＝40（%）なので，

$$損益分岐点の売上高=\frac{固定費（700万円+500万円）}{0.4}=3{,}000万円$$

問 2　4,000万円×1.1×貢献利益率0.4－1,200万円＝560万円。あるいは，貢献利益1,600万円×1.1－1,200万円＝560万円。

問 3　現在より100万円低い損益分岐点の売上高は2,900万円なので，固定費÷0.4＝2,900万円となる必要があります。それゆえ，固定費は2,900万円×0.4＝1,160万円。よって，40万円引き下げる必要があります。

問 4　貢献利益は2,000万円となり，貢献利益率は0.5となります。

それゆえ，

$$損益分岐点の売上高=\frac{固定費1{,}200万円}{0.5}=2{,}400万円$$

となり，600万円減少します。

第14章 製品の受払い

練習問題 14−1

問1

	借方科目	金額	貸方科目	金額
(2)	材料	615,000	買掛金 現金	600,000 15,000
(3)	仕掛品	590,000	材料	590,000
(4)	仕掛品 製造間接費	1,760,000 800,000	賃金・給料	2,560,000
(5)	仕掛品	2,860,000	製造間接費	2,860,000
(6)	売上原価	3,740,000	仕掛品	3,740,000

問2

月末仕掛品原価	1,700,000	円

解説

問1　材料消費単価は，総平均法を用います。

(300kg×150円/kg＋615,000円)÷(300kg＋3,000kg)＝200円/kg

製品に消費した原料（直接材料費）は材料勘定から仕掛品勘定に振り替えます。

200円/kg×(1,000kg＋650kg＋1,300kg)＝590,000円

直接労務費は，予定賃率800円/時間×(1,000時間＋500時間＋700時間)＝1,760,000円と計算され，仕掛品勘定へ，間接労務費800円/時間×1,000時間＝800,000円は製造間接費勘定へ賃金・給料勘定から振り替えます。製造間接費予定配賦額1,100円/時間×(1,000時間＋800時間＋800時間)＝2,860,000円は，製造間接費勘定から仕掛品勘定へ振り替えます。受注生産の場合，完成品は倉庫に保管せず顧客に引き渡すことが一般的ですので，完成品原価は，仕掛品勘定から売上原価勘定に振り替えます。製造指図書＃１の完成品原価は，月初仕掛品原価150,000円＋直接材料費@200円×1,000kg＋直接労務費@800円×1,000時間＋製造間接費配賦額@1,100円×1,000時間＝2,250,000円となり，製造指図書＃２の完成品原価も同様にして1,490,000円と計算されますので，合計3,740,000円を振り替えます。

問2　月末仕掛品である製造指図書＃３の製造にかかった原価

@200円×1,300kg＋@800円×700時間＋@1,100円×800時間＝1,700,000円

練習問題 14−2

	借方科目	金額	貸方科目	金額
(1)	製品	500,000	仕掛品	500,000
(2)	現金 売掛金 売上原価	250,000 250,000 425,000	売上 製品	500,000 425,000

解説

見込生産の場合，完成品はいったん倉庫に保管するので，完成品原価は仕掛品勘定から製品勘定へ振り替えます。売上分の製品の製造にかかった費用のみを売上原価として製品勘定から振り替えます。

練習問題 14−3

(1)

<u>**総 勘 定 元 帳**</u>　　(単位：円)

仕 掛 品		製　　品	
	(625,000)	(625,000)	(375,000)

売 上 原 価		売　　上	
(375,000)			(500,000)

(2)

<u>**総 勘 定 元 帳**</u>　　(単位：円)

仕 掛 品		売 上 原 価	
	(272,000)	(272,000)	

解説

(1) 見込生産の場合，完成品を一旦倉庫に保管するので，完成品原価は仕掛品勘定の貸方から製品勘定の借方へ振り替えます。売上分の製品の製造にかかった原価は，製品勘定の貸方から売上原価勘定の借方に振り替えます。

(2) 受注生産の場合，製品検査を受けた完成品は，倉庫に保管せず直ちに販売するのが一般的であるため，完成し販売した製品の製造原価は仕掛品勘定の貸方から売上原価勘定の借方に振り替えます。

第15章 営業費計算

練習問題 15−1

(1)	3,010,000　円	(2)	3,110,000　円
(3)	4,090,000　円	(4)	1,200,000　円
(5)	2,890,000　円		

解説

(1) 当月製品製造原価
=月初仕掛品原価+当月直接材料費+当月直接労務費+当月製造間接費正常配賦額−月末仕掛品原価
=450,000円+(100,000円+1,500,000円−80,000円−320,000円)
+(1,050,000円+250,000円−200,000円−350,000円)+1,090,000円（製造間接費勘定の正常配賦額）
−480,000円（仕掛品勘定の月末有高の金額）=3,010,000円

(2) 売上原価=月初製品有高+当月完成品原価−月末製品有高+製造間接費配賦差異
=350,000円+3,010,000円−280,000円+30,000円=3,110,000円

(3) 売上総利益=売上高−売上原価
=7,200,000円−3,110,000円=4,090,000円

(4) 販売費及び一般管理費は，期間発生額を計上します。
580,000円+620,000円=1,200,000円

(5) 営業利益=売上総利益−販売費及び一般管理費
=4,090,000円−1,200,000円=2,890,000円

練習問題 15−2

(1)	185,000 円	(2)	805,000 円
(3)	510,000 円		
(4)	注文獲得費	広告宣伝費	
	注文履行費	梱包費	

解説

(1) 販売費に当たる費目は，梱包費と広告宣伝費となります。

(2) 一般管理費に当たる費目は，本社事務員給料，本社企画部費，本社役員給料となります。

(3) 営業利益は売上総利益から販売費及び一般管理費を差し引いて計算されます。

(4) 注文獲得のために要する費用に当たる費目は広告宣伝費，注文履行のために要する費用に当たる費目は梱包費となります。

第16章 工場会計の独立

練習問題 16−1

問1

	借方科目	金額	貸方科目	金額
(1)	材料	1,000,000	本社	1,000,000
(2)	賃金・給料 製造間接費	900,000 100,000	本社	1,000,000
(3)	製造間接費	150,000	設備減価償却累計額	150,000
(4)	仕掛品 製造間接費	1,200,000 100,000	材料	1,300,000
(5)	仕掛品 製造間接費	800,000 200,000	賃金・給料	1,000,000
(6)	仕掛品	900,000	製造間接費	900,000
(7)	製品	2,300,000	仕掛品	2,300,000
(8)	本社 内部売上原価	2,277,000 2,070,000	内部売上 製品	2,277,000 2,070,000

問2 20,700 円

解説

本問は工場元帳への記入の問題です。工場に製品倉庫があり，そこで一度保管されるため，工場元帳に製品勘定が設けられています。

(1)材料購入に要する支払い，(2)従業員に対する給与の支払いは本社で行っています。(4)工場消耗品費と(2)従業員賞与手当は製造間接費です。本社と工場が離れており，工場で製造を行っているため，工場元帳に設備減価償却累計額勘定が設けられています。(3)減価償却費は製造間接費です。

(8)当月完成品のうち9割を本社に納入しましたが，工場から本社への製品の振替えには製造原価の10％の利益を加算しています。当月完成品の単位原価はすべて等しいので，本社に納品したのは2,300,000円×0.9＝2,070,000円です。製造原価に10％の利益を加算して振り替えるので，内部売上2,070,000円×110％＝2,277,000

円となります。

問2ではそのうち10%が残ったため，内部利益は2,277,000円×10%×$\frac{10\%}{110\%}$=20,700円です。

練習問題 16−2

	借方科目	金額	貸方科目	金額
(1)	材料	5,020,000	本社	5,020,000
(2)	仕掛品 製造間接費	4,518,000 502,000	材料	5,020,000
(3)	仕掛品 製造間接費	2,000,000 200,000	賃金・給料	2,200,000
(4)	製造間接費	1,500,000	賃金・給料	1,500,000
(5)	製造間接費	500,000	設備減価償却累計額	500,000
(6)	製造間接費	400,000	本社	400,000
(7)	仕訳なし			

解説

本問は工場元帳への記入の問題です。

(1) 材料の購入の支払いは本社が行っているので貸方は本社勘定となります。

(2) 製品製造に使用した900kg分の材料費を仕訳品勘定に，修繕に使用した100kg分を製造間接費勘定に振り替えます。

(3) 直接作業時間分の労務費を仕掛品勘定に，手待時間と間接作業時間分の労務費を製造間接費勘定に振り替えます。

(4) 間接労務費を製造間接費勘定に計上します。

(5) 間接経費を製造間接費勘定に計上します。

(6) 電力料・ガス代・水道料は間接経費として製造間接費勘定に計上しますが，その支払いは本社が行っているので，貸方は本社勘定となります。

(7) 工場側での仕訳は不要です。

第17章 総合模擬問題(1)

練習問題 17−1 (12点)

	借方		貸方	
	記号	金額	記号	金額
①	(ア) ( )	1,220,000	(ウ) ( )	1,220,000
②	(イ) ( )	76,000	(ア) ( )	76,000
③	(ウ) (オ)	8,000 10,000	(カ) ( )	18,000

仕訳1組につき4点。合計12点。

解説

	借方		貸方	
	勘定	金額	勘定	金額
①	材料	(※1)1,220,000	本社	1,220,000
②	原価差異	(※2)76,000	材料	76,000
③	予算差異 操業度差異	(※4)8,000 (※5)10,000	製造間接費	18,000

（※1） 素材購入額（600円/kg ×1,900kg）＋補修用材料購入額（200円/kg ×400kg）

（※2） 実際消費額（2,440円/kg(※3) ×1,900kg）－予定消費額（2,400円/kg ×1,900kg）

（※3） 月初有高と当月仕入高（2,560円/kg×150kg＋2,430円/kg×1,800kg）÷月初数量と当月仕入量（150kg＋1,800kg）

（※4） 実際発生額298,500円－変動予算（175円/時間(※6) ×660時間＋175,000円(※7)）

（※5） 変動予算（175円/時間×660時間＋175,000円）－予定配賦額（425円/時間(※8) ×660時間）

（※6） 変動費予算1,470,000円÷予定直接作業時間8,400時間

（※7） 固定費予算2,100,000円÷12カ月

（※8） 製造間接費予算3,570,000円÷予定直接作業時間8,400時間

練習問題 17−2 （16点）

補助部門費配賦表 （単位：円）

費目	製造部門		補助部門	
	第1製造部門	第2製造部門	動力部門	修繕部門
部門費	4,025,000	2,180,000	1,170,000	600,000
動力部門費	650,000	520,000		
修繕部門費	400,000	200,000		
製造部門費	5,075,000	2,900,000		

第1製造部門の予定配賦率＝ 1,000 円/時間

第1製造部門の予算差異＝ 75,000 円（有利・(不利)）

点線枠 1つにつき4点。計12点。
実線枠 1つにつき2点。計4点。
合計16点。

解説

補助部門費配賦表 （単位：円）

費目	製造部門		補助部門	
	第1製造部門	第2製造部門	動力部門	修繕部門
部門費	4,025,000	2,180,000	1,170,000	600,000
動力部門費	(※1)650,000	520,000		
修繕部門費	(※2)400,000	200,000		
製造部門費	5,075,000	2,900,000		

第1製造部門の予定配賦率＝ (※3)1,000 円/時間

第1製造部門の予算差異＝ (※4)75,000 円（有利・(不利)）

（※1） 動力部門費1,170,000円÷（800kw-h＋640kw-h）×800kw-h

（※２）　$\dfrac{\text{修繕部門費600,000円}}{\text{36回＋18回}}$ ×36回

（※３）　第１製造部門年間予算額60,000,000円÷予定直接作業時間60,000時間

（※４）　第１製造部門実際発生額5,075,000円－第１製造部門月次予算額（60,000,000円÷12カ月）

練習問題 17－3　（12点）

全部原価計算による損益計算書

（単位：円）

売上高	（(※1) 4,200,000）
売上原価	（(※2) 2,820,000）
配賦差異	（(※3) 330,000）
売上総利益	（1,050,000）
販売費	（(※4) 485,000）
一般管理費	（400,000）
営業利益	（165,000）

直接原価計算による損益計算書

（単位：円）

売上高	（4,200,000）
変動売上原価	（(※6) 1,500,000）
変動製造マージン	（2,700,000）
変動販売費	（(※7) 360,000）
貢献利益	（2,340,000）
固定費	（(※8) 2,175,000）
営業利益	（165,000）

実線枠　1つにつき３点。計６点。
点線枠　1つにつき２点。計６点。
合計12点。

解説

（※１）　実際販売価格3,500円/個×当期製品販売量1,200個

（※２）　単位当たり変動製造原価（原料費550円/個＋変動加工費700円/個）×当期製品販売量1,200個＋単位当たり予定固定加工費1,100円/個(※5)×当期製品販売量1,200個

（※３）　（予定生産量1,500個－当期製品生産量1,200個）×単位当たり予定固定加工費1,100円/個

（※５）　固定加工費予算1,650,000円÷予定生産量1,500個

（※６）　単位当たり変動製造原価（原料費550円/個＋変動加工費700円/個）×当期製品販売量1,200個

（※７）　単位当たり変動販売費300円/個×当期製品販売量1,200個

（※８）　固定加工費1,650,000円＋固定販売費及び一般管理費（125,000円＋400,000円）

第18章 総合模擬問題(2)

練習問題 18−1 (12点)

	借方		貸方	
	記号	金額	記号	金額
①	(エ) (　　)	5,280,000	(ア) (　　)	5,280,000
②	(エ) (　　)	2,520,000	(ア) (　　)	2,520,000
③	(イ) (　　)	1,765,000	(エ) (　　)	1,765,000

仕訳1組につき4点。合計12点。

解説

	借方		貸方	
	勘定	金額	勘定	金額
①	仕掛品	(※1)5,280,000	材料	5,280,000
②	仕掛品	(※3)2,520,000	賃金・給料	2,520,000
③	製品	(※4)1,765,000	仕掛品	1,765,000

（※1） 月初消費高（900円/kg ×800kg）+当月仕入消費高（950円/kg ×4,800kg(※2)）

（※2） 当月消費高5,600kg−月初消費高800kg

（※3） 直接労務費原価標準（1,400円/時間×2時間）×完成品900個

（※4） ＃225製造原価（120,000円+920,000円）+＃226製造原価725,000円

練習問題 18−2 (16点)

総合原価計算表　(単位：円)

	原料費	加工費	合計
月初仕掛品原価	300,000	400,000	700,000
当月製造費用	750,000	2,300,000	3,050,000
合計	1,050,000	2,700,000	3,750,000
差引：月末仕掛品原価	210,000	300,000	510,000
完成品総合原価	840,000	2,400,000	3,240,000

□1つにつき2点。計4点。
┆┆1つにつき4点。計12点。
合計16点。

解説

下記が生産データです（単位：kg）。（　）内は完成品加工換算量を表します。

月初仕掛品	3,000（1,500）	完成品	7,000（7,000）
当月投入	7,000（7,500）	正常減損	1,000（1,000）
		月末仕掛品	2,000（1,000）

総合原価計算表　（単位：円）

	原料費	加工費	合計
月初仕掛品原価	300,000	400,000	700,000
当月製造費用	750,000	2,300,000	3,050,000
合計	1,050,000	2,700,000	3,750,000
差引：月末仕掛品原価	(※1)210,000	(※2)300,000	510,000
完成品総合原価	840,000	2,400,000	3,240,000

（※１）1,050,000円/(7,000kg＋1,000kg＋2,000kg)×2,000kg

（※２）2,700,000円/(7,000kg＋1,000kg＋1,000kg)×1,000kg

練習問題 18－3（12点）

問１	2,250	万円
問２	120	万円
問３	250	万円
問４	450	万円

□１つにつき３点。合計12点。

解説

問１　固定費900万円（＝500万円＋400万円）÷貢献利益率0.4（＝1,000万円÷2,500万円）

問２　変化後の貢献利益（2,550万円×0.4）－固定費900万円

問３　変化後の損益分岐点売上高｛(900万円－100万円)÷貢献利益率0.4｝－損益分岐点売上高2,250万円

問４　変化後の損益分岐点売上高(※1)1,800万円－損益分岐点売上高2,250万円

（※１）固定費900万円÷変化後の貢献利益率0.5｛＝(1,000万円＋250万円)÷2,500万円｝

第19章 総合模擬問題(3)

練習問題 19－1（12点）

	借方 記号	借方 金額	貸方 記号	貸方 金額
①	（エ） （　）	2,600,000	（ア） （　）	2,600,000
②	（イ） （　）	12,500	（ア） （　）	12,500
③	（ウ） （　）	2,050,000	（エ） （　）	2,050,000

仕訳１組につき４点。合計12点。

解説

	借方		貸方	
	勘定	金額	勘定	金額
①	仕掛品	(※1)2,600,000	材料	2,600,000
②	原価差異	(※2)12,500	賃金・給料	12,500
③	本社	(※3)2,050,000	仕掛品	2,050,000

（※1） 材料費原価標準（200円/kg × 5 kg）×完成品2,600個

（※2） 実際直接工賃金（770,000円－242,500円＋255,000円）－予定直接工賃金（1,400円/時間×550時間）

（※3） 完成品2,050,000円

練習問題 19－2 （16点）

仕掛品 （単位：円）

月初有高	（ 110,000）	完成高	（ 2,695,000）
直接材料費	（ 1,579,000）	月末有高	（ 130,000）
加工費	（ 1,172,000）	直接材料費差異	（ 19,000）
		加工費差異	（ 17,000）
	（ 2,861,000）		（ 2,861,000）

実線枠 1つにつき2点。計4点。
点線枠 1つにつき4点。計12点。
合計16点。

解説

下記が生産データです（単位：個）。（ ）内は完成品加工換算量を表します。

月初仕掛品	200（ 100）	完成品	3,850（3,850）
当月着手	3,900（3,850）	月末仕掛品	250（ 100）

仕掛品 （単位：円）

月初有高	（ (※1)110,000）	完成高	（ (※4)2,695,000）
直接材料費	（ (※2)1,579,000）	月末有高	（ (※5)130,000）
加工費	（ (※3)1,172,000）	直接材料費差異	（ (※6)19,000）
		加工費差異	（ (※7)17,000）
	（ 2,861,000）		（ 2,861,000）

（※1） 直接材料費（400円×200個）＋加工費（300円×100個）

（※2） ［資料］3．原価実績より

（※3） ［資料］3．原価実績より

（※4） 直接材料費（400円×3,850個）＋加工費（300円×3,850個）

（※5） 直接材料費（400円×250個）＋加工費（300円×100個）

（※6） 直接材料費原価実績1,579,000円－直接材料費標準原価（400円×3,900個）

（※7） 加工費原価実績1,172,000円－加工費標準原価（300円×3,850個）

練習問題 19－3 （12点）

問 1	45	%
問 2	20,000,000	円
問 3	25,000,000	円
問 4 ①	900,000	円
②	5	

□1つにつき３点。合計12点。

解説

問 1　貢献利益10,800,000円÷売上高24,000,000円

問 2　固定費9,000,000円÷売上高貢献利益率45％

問 3　固定費9,000,000円÷（売上高貢献利益率45％－目標営業利益率９％）

問 4 ①　1,800,000円×売上高の変化率10％×Ａ社の経営レバレッジ係数

②　貢献利益9,000,000円÷営業利益1,800,000円

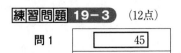

INFORMATION

検定情報ダイヤル

日本商工会議所では，検定試験に関する様々なお問い合わせに対応していくため，検定情報ダイヤルを設置しています。
試験概要，試験日程，受験料，申し込み方法、場所等のお電話によるお問い合わせの場合は，下記電話番号までご連絡下さい。

050-5541-8600

受付時間◆9:00～20:00（年中無休）

検定試験に役立つ情報がインターネットに満載

https://www.kentei.ne.jp

今すぐ，アクセスを!!